HAYSTACK

ZO SIMPEL

Simpele
oplossingen

KAN HET

voor lastige
problemen

ZIJN

Richard Engelfriet

Voor Suus en Thijs

Een simpel boek met bureaucratie?

Zelfs dit boek over simpel ontkomt niet aan de tentakels van de bureaucratie. Zo heeft ook dit boek een ISBN: Internationaal Standaard Boek Nummer. Een wereldwijd gebruikt registratiesysteem waardoor een boek makkelijk herkend en besteld kan worden. We hebben lang gezocht en dit is het meest simpele ISBN-nummer dat wij konden vinden:

ISBN 9789461260000

Bibliotheken en boekhandels vinden het ook nog handig om een NUR-nummer te hebben, dat staat voor Nederlandstalige Uniforme Rubrieksindeling. Dit boek is ingedeeld in de categorie 'Bedrijfskunde algemeen' en heeft NUR-nummer:

NUR 800

Copyright en auteursrechten werken heel simpel. Het maakt niets uit of er wel of geen © symbool staat, of zo'n standaardtekst met 'Alle rechten voorbehouden. Niets uit deze uitgave mag...'. En ook een zinsnede als 'all rights reserved' heeft juridisch geen enkele meerwaarde. Auteursrecht geldt automatisch. Er is geen registratie, vastlegging of andere formaliteit nodig om auteursrecht te kunnen claimen. Wie iets schrijft, is en blijft automatisch eigenaar van de tekst. Mocht de auteur komen te overlijden, dan blijft het auteursrecht nog 70 jaar gelden.

Afijn. Tot zover de juridische uitleg van auteursrecht. Mijn naam is Richard Engelfriet en ik heb dit boek geschreven. Ik heb Uitgeverij Haystack toestemming gegeven om dit boek uit te geven en Uitgeverij Haystack heeft Levin den Boer de vormgeving laten doen.

Alle rechten van dit boek liggen dus bij auteur Richard Engelfriet en Uitgeverij Haystack. Wij vinden het leuk als u teksten uit dit boek wilt kopiëren en verspreiden, maar alleen in overleg met en na toestemming van ons. Onze contactgegevens vindt u op www. haystack.nl. En voor de historici: u heeft een uniek exemplaar in handen, de eerste druk uit oktober 2014!

Zo. Nu kunnen we echt beginnen met het boek!

Inhoud

Voorwoord

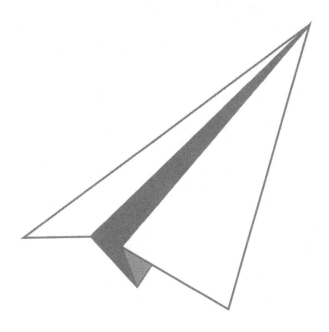

Ik hou van simpel. Simpel is het tegenovergestelde van ingewikkeld. Als u een probleem wilt oplossen, geloof ik dat een simpele oplossing altijd beter is dan een ingewikkelde. Kent u bijvoorbeeld het probleem van wildplakken? Er zijn altijd organisatoren van braderieën en concerten die een poster voor hun evenement hangen op een plaats waar dat niet mag. Dan kan een gemeente uitgebreid onderzoek gaan doen, een nota schrijven en camera's ophangen. U kunt ook doen wat ze in Gent hebben gedaan. Daar kregen alle ambtenaren tien stickers in hun postvakje, en met die simpele sticker was het probleem opgelost. Wat er op die sticker staat? U leest het op de laatste pagina van dit boek. Maar leest u eerst dit voorwoord en denk na over de oplossing. Kunt u alvast een beetje oefenen met simpel denken.

Ik kan u al wel vertellen dat de organisatoren van die braderieën en concerten helemaal niet blij waren met die stickers. En dus gingen ze op zoek naar de plakker. Ze kwamen er al snel achter dat dat de gemeente was. Op hoge poten gingen ze verhaal halen. En dat was uiteraard precies wat de gemeente wilde: in gesprek komen met deze mensen en samen op zoek gaan naar een oplossing.

Als u dit een inspirerend voorbeeld vindt, hebt u het juiste boek in handen. Ik moet u hierbij wel waarschuwen: een boek over simpel bevat natuurlijk geen managementmodellen, stappenplannen en doorwrochte analyses. Ingewikkelde boeken zijn er al genoeg. Vandaar dat u het in dit boek moet doen met inspirerende voorbeelden en advies voor de praktijk. En soms is dat advies wat tegendraads, maar ik ga ervan uit dat u tegen een stootje kunt.

En omdat u tegen een stootje kunt, heb ik nog een tweede waarschuwing: simpel is heel moeilijk[1]. Ga maar na: die Gentse sticker is briljant bedacht. Maar het is zeker niet eenvoudig om dat te bedenken. Kom er maar eens op! Daarom zult u in dit boek ook geen quasi-populaire oplossingen tegenkomen in de sfeer van 'je moet gewoon positief denken' of 'blijft u vooral uzelf'. Het is ook niet een kwestie van 'gewoon je boerenverstand gebruiken' of 'niet lullen maar poetsen'. Dan zou ik net doen alsof simpel heel makkelijk is, en dat is het niet.

Maar ik ga u uiteraard wel zo goed mogelijk helpen. Dat doe ik met dertig leesbare adviezen, die u van het begin tot het eind kunt lezen, maar ook in willekeurige volgorde. En daarna denk ik ook graag met u mee. Leg mij uw probleem voor via info@richardengelfriet.nl, en ik beloof u dat ik met een simpel antwoord kom.

Ik wens u heel veel simpel succes!

Richard Engelfriet

---

1 Het omgekeerde is trouwens ook waar: moeilijk doen is heel simpel.

1

Begin met wat er al is

Bent u wel eens op een heisessie geweest? U weet wel, zo'n dag waarbij u met uw collega's oplossingen moet bedenken voor de problemen in uw organisatie. Die problemen hebben dan bijvoorbeeld te maken met klanten die beter geholpen moeten worden of met uw organisatie die efficiënter moet werken. Ik begeleid dit soort sessies vaak en het valt me op dat mensen bij het oplossen van problemen altijd geneigd zijn als eerste met allerlei oplossingen te komen die betekenen dat er iets 'bij' moet. Meer geld, meer mensen, meer tijd. Of een nieuwe huisstijl met een nieuwe app en een nieuwe website. Het gebeurt maar zelden dat er oplossingen komen die gebruik maken van wat er al is. Terwijl dat toch echt een stuk simpeler is.

Ook in de politiek zien we dit fenomeen. Als politici constateren dat er een probleem is, komt er een gewichtige onderzoekscommissie die lijvige rapporten gaat schrijven, ziet een nieuw meldpunt het licht en gaat er uiteraard een *taskforce* aan de slag met 'concrete doelstellingen'. Vervolgens komt er een stroom aan vergaderingen, congressen en roadshows. Waarom gaan ze nooit eens aan de slag met wat er al is?

Mocht u zich eens willen verkneukelen aan dit soort overbodige initiatieven, neem dan bijvoorbeeld eens een kijkje op de website Hallo! van de Kamer van Koophandel (hallo.kvk.nl). Een 'online community' voor ondernemers waar u een profiel kunt maken, kunt discussiëren over ondernemerszaken en tips kunt vinden. Juichend roept de website over de 'meer dan 55.000' ondernemers die lid zijn van dit netwerk. Ik zal ze uit de droom helpen: de overige bijna 1,5 miljoen ondernemers zitten allemaal op het allang bestaande LinkedIn. Wat voegt zo'n KvK-community nou eigenlijk toe, behalve werkgelegenheid voor de webdesigners van de site? En hadden we dat geld niet veel beter kunnen besteden?

Wie simpel wil werken, begint met wat er al is. Kent u bijvoorbeeld de pechhulpservice van Route Mobiel? Zij doorbraken in 2004 het monopolie van de ANWB met zijn Wegenwachtdienst. Heel veel mensen bleken graag te willen overstappen naar een aanbieder waar je alleen maar hoefde te betalen voor pechhulp, zonder lid te hoeven worden van een vereniging met bijbehorend clubblad. En waar je een auto kon verzekeren voor pech onderweg, in plaats van een abonnement dat gekoppeld is aan een persoon. Maar, zo zult u denken, dat vroeg natuurlijk wel de nodige investeringen. Een compleet nieuw wagenpark met Route Mobiel-auto's, monteurs werven en opleiden, investeren in materialen en ga zo maar door.

Mispoes. De oprichters van Route Mobiel, Michiel Muller en Marc Schröder, maakten simpel gebruik van wat er al is. Als u in Nederland een leaseauto hebt, zit daar vrijwel altijd een pechdienst bij. Die pechdienst is een bestaand onderdeel van een leasemaatschappij. Route Mobiel heeft simpelweg aan die maatschappijen gevraagd of al die monteurs er af en toe ook eens op uit wilden met een vestje van Route Mobiel aan. Die mensen zijn er toch al, kennen hun vak en weten hoe ze een auto aan de praat kunnen krijgen. De leasemaatschappijen wilden uiteraard graag meedoen – ze waren immers blij dat hun medewerkers meer declarabele uren konden maken. En zo hadden alle Route Mobiel-klanten ineens een goedkoop alternatief voor de ANWB. Simpel toch?

Nog een voorbeeld. Stel, u hebt een goed medicijn tegen diarree dat u graag wilt distribueren in de derde wereld. U krijgt van de Verenigde Naties opdracht het medicijn op grote schaal te gaan verspreiden. Hoe gaat u dan te werk? Gaat u dan in alle landen enorme magazijnen bouwen en een vloot aan vrachtwagens huren?

Of doet u wat Simon Berry heeft gedaan? Berry is ontwikkelingswerker in Zambia. Hij wilde medicijnen tegen diarree verspreiden in de derde wereld en maakte hierbij slim gebruik van wat er al is door na te denken wie het best denkbare distributiekanaal ter wereld heeft. En dat is niet DHL of UPS, maar... Coca-Cola. In werkelijk elke uithoek van de wereld kunt u een flesje van het zwarte suikerwater krijgen. En in die kratjes met flesjes cola zit nog genoeg ruimte. En dus maakte Berry doosjes met medicijnen die precies passen in de loze ruimte tussen de flesjes Coca-Cola.

Coca-Cola hapte uiteraard graag toe – een fraai staaltje maatschappelijk verantwoord ondernemen. Berry noemde zijn initiatief ColaLife (zie www.colalife.org), en dankzij het ook reeds bestaande Facebook kreeg hij in no-time alle gewenste aandacht en medewerking voor zijn prachtige doel.

Start u de volgende keer als u een probleem probeert op te lossen dus gewoon eens met wat er al is. Het scheelt u een hoop budget, mankracht en gezeur. Hebt u meer tijd om het leven van uzelf en uw organisatie nóg simpeler te maken.

Versimpel uw wereld en begin met een worstenbroodje

In het vorige hoofdstuk heb ik u verteld dat u moet proberen om zoveel mogelijk gebruik te maken van wat er al is. Soms lukt dat natuurlijk domweg niet. Dan is er echt iets nieuws nodig. Maar zorgt u er dan wel voor dat u het simpel houdt. Hoe? Met een worstenbroodje.

Ongeveer drie jaar geleden was ik dagvoorzitter bij een inspirerende bijeenkomst van de GGzE, een instelling voor geestelijke gezondheidszorg in Eindhoven. Allerlei medewerkers presenteerden daar hun ideeën over de verbetering van zorg. De meeste ideeën klonken aardig, maar waren ook ingewikkeld: er moest eerst van alles ontwikkeld worden, de organisatie moest er veel geld in investeren of het vergde een 'cultuuromslag' bij de medewerkers. Nou, dan weet u het wel: allemaal garantie op stroperigheid.

De onbetwiste winnaar van de middag was dan ook zonder enige twijfel het simpele idee van John Swaneveld, een medewerker van de afdeling voor spoedeisende psychiatrie. Hij werkt met zeer verwarde en vaak ook agressieve patiënten. Het komt voor dat er wel zes medewerkers nodig zijn om een patiënt in bedwang te houden. Soms is er geen andere mogelijkheid dan iemand in een isoleercel te zetten.

Het zat John niet lekker. Zijn organisatie pretendeert mensgericht te zijn, maar met zijn zessen bovenop iemand gaan zitten en deze persoon vervolgens in een kaal hok opsluiten heeft daar weinig mee te maken. En dus bedacht John, samen met een collega, een briljant plan.

Stelt u zich de situatie voor: een agressieve patiënt waarvan alle stoppen zijn doorgeslagen. Potige medewerkers er letterlijk bovenop. En dan komt John binnen. Hij kijkt de patiënt in de ogen en stelt met onvervalst Brabants accent de vraag: 'Lusde gij een worstenbroodje?'. En geloof het of niet, het overgrote deel van de patiënten smelt weg. Vergeet niet dat sommigen dagen niet hebben gegeten, en dat ze tot dusver alleen maar agressie hebben ontmoet. En dan biedt iemand ineens op een vriendelijke manier iets te eten aan. Het resultaat is verbluffend: het gebruik van de isoleercel is drastisch afgenomen – soms staat deze zelfs weken leeg.

Simpeler dan een worstenbroodje kan ik het echt niet bedenken voor u. Klein, snel in te voeren en met een effect van jewelste. Maar verdomd lastig om te bedenken. Ik verzorg regelmatig sessies waarin ik mensen uitdaag voor hun eigen werk een 'worstenbroodje' te bedenken. Een simpel plan met verbluffend resultaat. Dat blijkt voor veel mensen heel moeilijk te zijn. Het kost ons merkwaardig genoeg geen enkele moeite om pagina's vol te schrijven met structuurvisies, toekomstbeelden, knelpunten en oplossingsrichtingen. Maar vraag mensen om met een eenvoudig plan te komen waar we morgen mee aan de slag kunnen en ze klappen volkomen dicht. Moeilijk doen is blijkbaar heel simpel, terwijl simpel doen heel moeilijk is.

En er is nog een valkuil. Ik vertelde laatst bij een andere instelling in de psychiatrie over het worstenbroodje. En wat denkt u?

Gejuich in de zaal? Een mega-order worstenbroodjes bij de plaatselijke bakker? Helaas. Iemand stak met een bloedserieus gezicht een vinger in de lucht en vroeg mij: 'Weet u misschien uit welke budgetcode ze dit financieren?'.

.

3

Laat u de Rens Kamminga in u los?

Onlangs stond ik in de rij bij mijn supermarkt. Zaterdagmiddag vier uur, alle kassa's open en overal minstens vijf wachtenden. In mijn rij was een oud omaatje aan de beurt. De caissière scande al haar boodschappen tot ze bij een tasje met appels kwam. Ze sprak toen de weinig opbeurende woorden: 'U heeft uw appels niet afgewogen, mevrouw'. Het oude vrouwtje bloosde, en stelde voor met haar appels even terug te gaan naar de groente-afdeling, het fruit af te wegen en er een stickertje op te plakken. Ik kan u verzekeren dat er met veel gezucht en gesteun in onze rij werd gereageerd: 'Dat gaat uren duren!'. Gelukkig voelde de caissière dat ook aan en deed een voorstel: 'Volgens mij is dit voor 2 euro aan appels, mevrouw. Toch?'. Het oude vrouwtje knikte opgelucht, en de caissière kreeg een staande ovatie van ons.

Dit is natuurlijk een prachtig voorbeeld van een simpele oplossing. Stelt u zich nu eens voor dat u haar bedrijfsleider bent. Deze caissière overtrad natuurlijk wel de regels, want die stickers zijn er niet voor niets. Wat doet u? Krijgt de caissière straf of maakt u haar medewerker van de maand?

Ik hoop dat u voor het laatste kiest. Het gaat immers maar om een paar appeltjes, en al die tevreden klanten – inclusief het oude vrouwtje – zijn natuurlijk goud waard. Daar mag het protocol best even voor wijken.

Maar nu gaan we nog een stapje verder. Ik neem u mee naar een koude dag vlak voor de kerst. Nederland is bedekt onder een dik pak sneeuw, en de temperatuur ligt ver onder nul. Vanwege de sneeuw heeft een stoptrein uit Amsterdam grote moeite om in Utrecht te komen. De Nederlandse Spoorwegen hebben inmiddels een negatief reisadvies uitgevaardigd en de machinist heeft de trein stilgezet. Ongeveer 150 reizigers zitten in een ijskoude trein ergens tussen Amsterdam en Utrecht. Ze kunnen geen kant op.

En dan komt Rens Kamminga langs. De NS-medewerker is onderhoudsmonteur en heeft een bevoegdheid om lege treinen te rijden. Hij probeert de trein in beweging te krijgen, en rijdt onder luid applaus van de reizigers langs alle stations tussen Amsterdam en Utrecht. In Utrecht bedanken de reizigers hem nogmaals voor zijn 'heldendaad' en de volgende dag haalt Kamminga de voorpagina van De Telegraaf. Grote chocoladeletters prijzen, in de ogen van deze krant, een echte held.

De NS heeft een andere reactie in petto: Kamminga krijgt een schorsing aan zijn broek. Hij mag immers alleen lege treinen besturen, maar heeft gereden met een trein vol passagiers. Daarnaast negeerde Kamminga het besluit dat er geen treinen meer mochten rijden, waarmee hij in de visie van de NS reizigers in gevaar heeft gebracht.

Wie heeft hier nu gelijk? Kamminga is voor velen een held, omdat hij met een simpele actie heel veel reizigers blij heeft gemaakt. Anderen verwijten hem dat hij bewust protocollen heeft overtreden en hiermee mogelijk reizigers in gevaar bracht.

Wie met de simpele principes uit dit boek aan de slag wil, krijgt onherroepelijk te maken met mensen die zich gedragen zoals Rens Kamminga. Volgens mij is er geen eenduidig antwoord te geven op de vraag hoe u hiermee om moet gaan. Een dilemma kent nu eenmaal twee 'gelijken'. Ook hier geldt: simpel is heel moeilijk.

Toch heb ik natuurlijk wel een advies. Doet u in elk geval niet wat de NS heeft gedaan. Domweg mensen straffen omdat ze regeltjes negeren zorgt alleen maar voor een angstcultuur waarmee u elke vorm van initiatief van uw medewerkers wegneemt.

Persoonlijk zou ik Kamminga inzetten om alle veiligheidsprotocollen nog eens langs te lopen en samen met hem te zoeken naar verbeteringen. Noem de nieuwe regels het 'Kamminga-protocol' en de nieuwe regels hebben onmiddellijk een heldenstatus bij klanten en medewerkers. Ga maar na: regels die zijn opgesteld door een medewerker van de werkvloer doen het een stuk beter bij de koffieautomaat dan een protocol dat door het management is opgesteld. En klanten hebben ook meer begrip voor een type als Kamminga dan voor zo'n gelikte woordvoerder. Was dat nou zo moeilijk om te bedenken?

4

Is het bij u ook tijd voor een polderverbod?

Soms krijg ik de indruk dat het in veel organisaties belangrijker is dat er *draagvlak* is dan dat het gaat om het nemen van het beste besluit. Draagvlak betekent in de praktijk dat iedereen vooral bezig is om ervoor te zorgen dat iedereen het met het elkaar eens is. Dan hebben we immers geen gezeur en vindt iedereen elkaar aardig. Bij de overheid zijn ze er dol op. Beleidsstukken hebben tegenwoordig standaard een 'draagvlaktoets' en politici laten pardoes de beginselen uit hun partijprogramma varen als blijkt dat er onvoldoende draagvlak is in de samenleving.

Ook bedrijven lusten er wel pap van. Zij doen graag allerlei markt-, medewerkers- en klanttevredenheidsonderzoeken. Het uitgangspunt is hetzelfde als bij de overheid: als we iets hebben gevonden waar iedereen het mee eens is, is het goed. En kritiek is foute boel. Het resultaat hiervan is natuurlijk een grijze middelmaat waar niets meer van de grond komt.

Het kan natuurlijk ook anders. U kunt ook de strategie volgen van Henry Ford. Ford wilde als ondernemer auto's bouwen voor de gewone man. Dat was rond 1900 volslagen nieuw: de meeste mensen reden immers nog met paard en wagen. En dus werd Ford gevraagd of dat nou wel zo verstandig was. Criticasters roeptoeterden allerlei nadelen en risico's waarom zijn plan niet zou slagen. Henry Ford hield voet bij stuk. Zijn simpele repliek op alle tegenwerpingen: 'Als ik aan mensen zou hebben gevraagd wat ze willen, had ik wel een sneller paard gebouwd'.

Ik begrijp dat Henry Ford een succesvoorbeeld is. En dat daar vele mislukkingen tegenover staan van mensen die maar beter wél hadden kunnen luisteren naar hun omgeving. En daarom heb ik hieronder vier simpele vragen voor u geformuleerd waarmee u kunt vaststellen of het in uw organisatie tijd is voor een polderverbod of dat u lekker mag blijven polderen:

- Lopen de zaken regelmatig traag, stroperig en ingewikkeld?
- Trekken er regelmatig mensen hun mond open zonder dat ze enig verstand van zaken hebben?
- Trekken er regelmatig mensen hun mond open zonder dat ze zelf al een aantoonbare bijdrage hebben geleverd aan de oplossing?
- Trekken er regelmatig mensen hun mond open zonder dat ze daadwerkelijk aan de slag hoeven te gaan met de oplossing?

Als u vier keer 'ja' hebt geantwoord, is het zeker tijd voor een polderverbod. Stop dan eens een tijd met vergaderen en geef mensen die een idee hebben waar ze in geloven de ruimte om ermee aan de slag te gaan, en negeer mensen die alleen vanaf de zijlijn kritiek toeteren.

Uiteindelijk gaat het er helemaal niet om dat iedereen het met elkaar eens is. Het gaat erom dat u bij een probleem de beste oplossing kiest. Of om het maar eens in de woorden van mijn moeder te zeggen toen ik als jongetje zeurde dat ik ook Nikes wilde omdat iedereen op school die had: 'Als iedereen van de brug springt, doe jij het dan ook?'

5

Put your money where your mouth is

Simpel discussiëren is best lastig. Met name als u 100 procent zeker weet dat u gelijk hebt maar uw gesprekspartner daar niet mee akkoord gaat. U kunt dan vol goede moed proberen de discussie aan te gaan en 100 onderbouwingen overleggen. Ik kan u één ding beloven: u gaat die discussie nooit winnen.

Als u zeker weet dat u gelijk hebt, kunt u beter een weddenschap afsluiten. Er is een mooi Engels gezegde voor: *put your money where your mouth is*. Met andere woorden: als u zo zeker bent van uw zaak, durft u er dan ook 1.000 euro op in te zetten? Of een miljoen?

Het beroemdste voorbeeld van deze simpele strategie is de Amerikaanse goochelaar en scepticus James Randi. Randi heeft zelf jarenlang indrukwekkende goocheltrucs uitgehaald zoals u ze ook wel kent van de Nederlandse illusionist Hans Klok: hij haalde konijnen uit hoeden en liet prachtige dames verdwijnen om ze vervolgens op miraculeuze wijze weer te laten opduiken aan het einde van de show. 'Gewone' goochelaars halen steevast dit soort prachtige trucs uit, die uiteindelijk natuurlijk altijd gebaseerd zijn op prachtig en knap uitgevoerd bedrog. Dubbele bodems, optisch bedrog, afleiding – het zit meestal erg knap in elkaar, maar het blijft bedrog.

Randi verbaasde zich echter altijd over zijn paranormale 'collega's'. Dat zijn goochelaars die ook ongelooflijke dingen laten zien, maar die zeggen dat ze dat kunnen vanwege paranormale gaven. Beroemde paranormale goochelaars zijn bijvoorbeeld

Uri Geller (de man die lepels zou kunnen buigen met pure wils-kracht), Char (de mevrouw die de beginletter van uw overleden opa doorkrijgt uit het hiernamaals) en Derek Ogilvie (die beweert met een 'zesde zintuig' te kunnen communiceren met baby's).

James Randi heeft jarenlang geprobeerd met allerlei argumenten en tegenvoorbeelden te laten zien dat deze mensen in zijn visie gewoon de boel belazeren. Zonder al te veel succes uiteraard, want paranormalen zijn als geen ander in staat met mooie praatjes de schijn op te houden dat ze echt iets kunnen.

Gelukkig kwam Randi daarom met een plan: hij loofde een miljoen dollar (Randi heeft goed verdiend met zijn goocheltrucs) uit aan iedereen die bereid is bij hem langs te komen en zijn paranormale gave te laten testen. U stelt samen met het team van Randi de test op, zodat er van te voren overeenstemming is over de test en wanneer u geslaagd bent. Wint u de test, dan krijgt u het miljoen. Simpel.

Eén van de bekendste deelnemers aan de test was Derek Ogilvie. Zijn test ging over zijn gave om met kinderen te kunnen communiceren met zijn 'zesde zintuig'. Om dit te testen zat Ogilvie in een afgesloten ruimte. In een andere ruimte zat een kind dat tien keer een stuk speelgoed mocht uitkiezen, waarna de zelfbenoemde *babyfluisteraar* moest aangeven welk stuk speelgoed dit was. Als hij dit minstens zes keer goed had, zou hij een miljoen winnen. Het lukte hem één keer, en dat was precies de gokkans die Randi had voorspeld. En zo verging het de bijna duizend andere paranormaal begaafden ook. Ze faalden allemaal opzichtig. Het miljoen staat dan ook nog altijd op Randi's rekening. Mocht u het met eigen ogen willen zien, kijk dan op www.randi.org of zoek op YouTube op 'Randi Ogilvie'

En nu weer terug naar u. Kap de eerstvolgende discussie eens af en stel voor een weddenschap af te sluiten. Ik kan u verzekeren dat dat een buitengewoon simpele en effectieve manier is om ingewikkelde discussies te vermijden. Het scheelt u ook een hoop tijd en als u altijd gelijk hebt, verdient u *en passant* nog een lekker zakcentje bij. Wedden om 1.000 euro dat ik gelijk heb?

6

Rule Number Six: durf uzelf te ontsokkelen

Ik ga het u direct verklappen: *Rule Number Six* heb ik geleend uit het boek *The Art of Possibility* van de Amerikaanse dirigent Benjamin Zander. Hij heeft een opmerkelijk simpele manier van leidinggeven, die eigenlijk alleen maar bestaat uit *Rule Number Six:* buiten deze *Rule Number Six* bestaan er geen andere regels. In de praktijk werkt deze regel als volgt: op een dag kwam één van de voornaamste violisten van Zander vreselijk boos verhaal halen na afloop van een concert. Briesend en tierend vertelde hij Zander wat er allemaal mis was gegaan en aan wie dat allemaal lag. Zander sprak maar één zin uit: 'Think about Rule Number Six'. De violist knikte en ging volledig kalm weer terug ging naar de repetitieruimte. Probleem opgelost.

U vraagt zich natuurlijk af wat deze mysterieuze *Rule Number Six* is. Ik zal het u verklappen: *don't take yourself so fucking serious*. Neem uzelf toch niet zo serieus en durf uzelf eens wat vaker te *ontsokkelen*. Het maakt alles een stuk simpeler.

Ik heb het principe van ontsokkelen voor het eerst mogen aanschouwen tijdens een muziekavond in het Tilburgse Willem II Stadion. Het eerste optreden was van Corry Konings. Toen zij het veld opkwam, werden we begroet met de volgende woorden: 'Hallo allemaal. Als eerste ga ik het liedje 'Huilen is voor jou te laat' zingen. Dat heeft in 1970 meer dan 40 weken in de Top 40 gestaan, dus dat wil wel wat zeggen. En Evert Santegoeds gaat mijn biografie schrijven, dus ook nu is er nog steeds volop aandacht voor mijn muziek'. Ze keek er nog een beetje boos bij ook. En terwijl Corry begon te zingen, werd het doodstil in het stadion.

Hoe anders was de opkomst van Lee Towers. De Rotterdammer loopt het veld op, en wordt onmiddellijk voor paal gezet door het voltallige publiek: iedereen maakt het bekende elleboog-gebaar naar Lee Towers. En hoe reageert Lee Towers? Zeggen dat hij een groot artiest is en nu zijn beste hits gaat zingen? Of zelfs weglopen, boos om zoveel 'disrespect'? Nee. Lee Towers lacht naar ons, maakt hetzelfde ellebooggebaar en roept: 'Til-burg, jullie zijn geweldig!'. Nou, dat vonden wij natuurlijk ook van onszelf. Het dak ging eraf.

Wat Lee Towers hier laat zien, is natuurlijk ultiem ontsokkel-gedrag. Waar Corry Konings het blijkbaar nodig heeft om zich-zelf op de sokkel te hijsen, haalt Lee zichzelf er onmiddellijk af. Waarom zou hij zichzelf zo serieus nemen? Neem liever de mensen om je heen serieus. Die willen gewoon lekker vermaakt worden en Lee is daar uitstekend toe in staat.

Steeds meer bedrijven ontdekken de kracht van het ontsokke-len. De Rabobank zette jaren terug de trend in met de anti-held Jochem. Kent u die nog? Jochem werd in een Rabospotje voor paal gezet door een paar sjieke bankiers. Of wat dacht u van die wat sukkelige bedrijfsleider uit de Albert Heijn televisierecla-mes? En ook telefoonboer Telfort heeft de sukkel ontdekt. Hun boegbeeld is een aan lager wal geraakte miljonair die dankzij Telfort toch nog een beetje goed terecht is gekomen.

Allemaal voorbeelden van ontsokkelgedrag. Wie zaken simpel wil maken, begint dus ouderwets bij zichzelf. Neem uzelf eens wat minder serieus. En als u daar mee bezig bent, hebt u gelijk ruimte om een ander wel serieus te nemen. Zo simpel kan het zijn.

7

Waarom u niet gewoon uzelf moet blijven

Ik heb u al verteld dat simpel best moeilijk is. Daarom heb ik een hekel aan mensen die met van die 'je moet gewoon'-oplossingen komen. Denk bijvoorbeeld aan de uitspraak 'je moet gewoon je gezonde boerenverstand gebruiken'. Aanhangers van die aanpak vergeten altijd dat datzelfde gezonde boerenverstand in de negentiende eeuw zei dat uw bloed zou gaan koken als u met de trein zou gaan reizen.

Maar er is een nog veel hardnekkiger 'je moet gewoon'-oplossing die nergens op slaat, namelijk het advies dat u 'gewoon uzelf moet blijven'. Of u nou een liedje staat te zingen voor de juryleden van *The Voice*, een training projectmanagement volgt of met een coach uw levensdoelen aan het bespreken bent: altijd krijgt u wel een keer het advies dat u vooral 'uzelf moet blijven'.

Wat ik vind, is dat u vooral *niet* uzelf moet blijven. Als u een probleem hebt of iets wilt bereiken, moet u vooral aan uzelf werken en veranderen. Of denkt u nou echt dat toen Willem Holleeder uit de gevangenis werd gelaten, de gevangenisdirecteur tijdens het *exitgesprek* tegen Willem zei: 'Mijnheer Holleeder, mijn belangrijkste advies voor u is dat u vooral uzelf blijft'.

Nu bent u natuurlijk geen zware crimineel. En ik begrijp best dat u zoiets als 'authenticiteit' leuk vindt. Zeker bij succesvolle mensen is het charmant als ze ogenschijnlijk *zichzelf zijn gebleven*. Denk aan van die types als Richard Branson, de CEO van Virgin. De man heeft nog altijd een woeste haarbos, draagt cowboylaarzen en spijkerbroeken. U zult hem zelden in een pak met stropdas aantreffen.

Maar wat vindt u dan van iemand die jaren op de markt heeft gewerkt in Amsterdam en daar altijd met zijn collega's foute grappen aan het maken was? Mag die ook zichzelf blijven? En vond u het dus acceptabel dat Gordon, want daar heb ik het hier over, als jurylid in *Holland's Got Talent* aan een Chinese meneer vroeg of hij 'nummertje 39 met rijst' ging zingen? Reken maar dat Gordon volstrekt zichzelf was. Die man maakt de hele dag dat soort grappen.

Volgens mij was de kritiek op Gordon volslagen terecht. Hij moet zich eens gaan ontwikkelen en leren dat bepaalde grappen gewoon te ver gaan. Zeker op nationale televisie. Hij moet, met andere woorden, dus niet 'gewoon zichzelf blijven'.

Voor bedrijven geldt hetzelfde advies. Kent u De Gruyter nog? De ooit zo succesvolle kruideniersketen met het 'snoepje van de week' bleef ook jarenlang lekker authentiek vasthouden aan een formule die ooit succesvol was. Concurrent Albert Heijn zag dat consumentenwensen veranderden, en veranderde mee. De Gruyter is failliet en Albert Heijn springlevend.

'Jezelf blijven' is vaak een excuus om maar gewoon te blijven doen wat je altijd al deed. Als u verder wilt komen in het leven, moet u aan uzelf werken en dus veranderen. Of zoals mijn gewaardeerde collega Jos Burgers het treffend verwoordt: 'U hoeft niet ziek te zijn om beter te worden'. En daarom adviseer ik u te stoppen met dat inhoudsloze geklets over 'dichtbij jezelf blijven'. Het maakt de zaken alleen maar nodeloos ingewikkeld en vaag. Stel uzelf liever heel simpele doelen waarmee u aan de slag gaat. Ik hoor liever iemand zeggen: 'Ik wil graag een betere vader worden en meer tijd doorbrengen met mijn kinderen' dan dat iemand zegt 'Ik wil als vader vooral mezelf blijven'.

8

Stop met vinken, ga voor vonken

We zijn dol op managementmodellen. Als u een bedrijf wilt starten, lepelt de Kamer van Koophandel u zo tien stappen op waarmee u aan de slag 'moet' gaan. Als u projectmanager bent, werkt u natuurlijk volgens de principes van PRINCE2. En zo zijn er nog vele andere managementmodellen en stappenplannen in omloop. Als u in uw boekhandel een keer langs de afdeling management loopt, zult u er honderden aantreffen, meestal met van die ronkende achterflappen die u in zeven stappen volmaakt succes beloven.

Ik geloof maar in één managementmodel en dat is het strikken van een stropdas. Daar staan een aantal stappen voor, en als u die volgt kunt u zonder problemen een enkele of dubbele Windsor strikken. Dat lukt altijd. Maar alle andere managementmodellen werken niet. Er zijn in alle organisaties nog altijd projecten die mislukken, er zijn altijd wel klachten over een bedrijf en er gaan altijd wel dingen stuk. We maken allemaal fouten en soms lopen dingen gewoon in de soep. Ga maar na: de planning van de Noord-Zuidlijn in Amsterdam was volgens de laatste managementinzichten volledig SMART geformuleerd, en toch stortte de halve stad in en werd het budget meermalen ruimschoots overschreden.

Het domste wat u in zo'n geval kunt doen, is bij iedere fout weer een nieuw managementmodel invoeren en de pretentie wekken dat u nu alles onder controle hebt. Volgens mij kunt u beter accepteren dat u de wereld nu eenmaal niet honderd procent kunt controleren en dat mensen fouten maken. En vervolgens op een andere manier gaan werken. Niet alleen omdat u niet alles kunt controleren, maar ook vanwege een enorme valkuil die al die managementmodellen met zich meebrengen.

De grootste valkuil van modellen en stappenplannen is dat ze beginnen als 'hulpmiddel', maar eindigen als doel. Een simpel voorbeeld: luchthavens. Wie wel eens heeft gevlogen, zal dit beeld onmiddellijk herkennen: er staan beveiligers die u verplichten uw broekriem, schoenen en jas uit te doen, uw laptop uit uw tas te halen en uw flesje water weg te gooien. Mocht u een nagelschaartje bij u dragen: dat gaat onherroepelijk de prullenbak in.

Hebt u wel eens gelet op het gedrag van die beveiligers? Dat is enkel gericht op het toezicht op de verwijdering van uw broekriem, schoenen en jas. En op uw laptop die uit uw tas moet. En op nagelschaartjes die weggegooid moeten worden.

Ik noem dit soort gedrag 'vinken'. De beveiligers hebben een vinklijst en die moet afgevinkt worden. Het doel: we gaan op zoek naar de bom. Broekriem uit? Schoenen uit? Jas uit? Laptop uit de tas? Flesje water weg? Nagelschaartje? Vink, vink, vink.

Maar dat is dom! Wie kwaad wil, weet dan precies wat hem te doet staat. Reken maar dat ze bij de eerstvolgende *brainstormsessie* van Al Qaida dat vinklijstje ook kennen: 'Zo jongens. De randvoorwaarden: de bom mag geen broekriem zijn, niet in je schoenen of jas zitten, geen gebruik hoeven te maken van je laptop en moet werken zonder nagelschaar of water. Osama, wat is jouw suggestie?'.

Op luchthaven Ben Gurion in Tel Aviv snappen ze dit en pakken ze het heel anders aan. Daar *vinken* ze niet, daar *vonken* ze. De beveiligers van dit vliegveld zijn helemaal niet bezig met het afvinken van een lijstje om een bom te zoeken. Sterker nog, ze zoeken helemaal geen bom. De beveiligers van Ben Gurion zoeken de *bommenlegger*! Anders dan bij de meeste luchthavens gaan deze beveiligers actief het gesprek aan met passagiers, letten ze op non-verbaal gedrag en spelen ze direct in op verdacht gedrag van passagiers. Een passagier met alleen handbagage op weg naar een verre bestemming kan rekenen op een kritische ondervraging. Net als de passagier die overal oogcontact lijkt te vermijden, of de passagier die vijandig reageerde toen iemand hem vroeg naar zijn bestemming.

Het vonkgedrag van deze medewerkers past niet in een managementmodel of stappenplan. Het vraagt om zelfstandig nadenken en permanente opleiding. Medewerkers houden elkaar scherp en wisselen ervaringen en tips uit. Protocollen zijn weer vervangen door hersens.

Ik hoop dat u zelf ook eens wat kritischer gaat kijken naar al die managementmodellen. En dat u anderen ook wat meer aanspoort te gaan *vonken*. Gebruik fouten dus voortaan om *vonk*gedrag aan te scherpen, niet om meer management in uw organisatie toe te voegen. Maak mensen alert en geef hen zelf verantwoordelijkheid om mee te helpen fouten te voorkomen en de organisatie te verbeteren.

Eigenlijk is vonken dus heel simpel. Bij uw volgende project zet u uw team bij elkaar en spreekt u de volgende woorden: 'Beste mensen. Zoals jullie weten hebben we doel X met dit project. Hoe we dat gaan bereiken, weet ik ook nog niet. Daar heb ik jullie hard voor nodig. Mag ik Henk als eerste het woord geven over zijn rol en inbreng?'

9

Weg met het takenpakket!

Zet een fris, enthousiast en nieuw team van mensen bij elkaar en ze zullen elkaar vragen: 'Hoe kan ik je helpen?'. Zet een verzuurd, ingedut en verstard team bij elkaar en ze vragen elkaar: 'Moet ik jou helpen?'. Het eerste team is op zoek naar mogelijkheden om elkaar bij te staan en is sterk bereid om te helpen. Het tweede team vindt elk stapje extra een stapje teveel. Als u zo'n team zijn gang laat gaan ontstaat er vanzelf rattengedrag: medewerkers gaan konkelen, bedriegen en liegen. Welkom in het riool.

De belangrijkste oorzaak van dit soort gedrag? Takenpakketten. Takenpakketten zijn lijstjes van dingen die medewerkers wel (en niet) moeten doen. Een secretaresse gaat over de 'inkoop van facilitaire zaken', de beleidsmedewerker 'stelt beleidsaanbevelingen op' en het afdelingshoofd 'zorgt voor het totaaloverzicht'. En dus krijgt een beleidsmedewerker die gekleurde paperclips wil gebruiken ruzie met de secretaresse ('we kopen hier altijd neutrale paperclips'). En de secretaresse die een voorstel doet tijdens een vergadering krijgt een snauw van de beleidsmedewerker dat ze gewoon haar notulen moet maken ('voorstellen doen is mijn werk, doe jij het jouwe nou maar'). En het afdelingshoofd hamert er bij iedereen op dat 'de afdeling communicatie / personeelszaken / juridische zaken daar nou eenmaal beleid op heeft geformuleerd en we die lijn volgen'.

U voelt al aan: dat leidt tot knap ingewikkelde situaties met veel gedoe. En bovenal: elke vorm van initiatief wordt vroegtijdig de kop ingedrukt. Kan dat niet simpeler? Uiteraard. Gooi die takenpakketten overboord. Ga bij een volgend project eens aan de slag zonder vooraf vaststaande hiërarchie. Geef leden van een team een gezamenlijke taak en laat het leiderschap ontstaan door hen samen aan die taak te laten werken op de manier die het beste past bij het team.

Klinkt dit als een utopie? Bij het Amerikaanse bedrijf Gore is het praktijk. Gore is onder meer producent van Gore-Tex, een geliefd onderdeel van allerhande buitensportartikelen. Het houdt u warm en droog in weer en wind. Maar ook hun medewerkers blijven door de simpele manier van werken goed beschermd: Gore staat al jaren hoog in de lijst van werkgevers waar mensen graag voor werken.

Bij Gore zijn er geen taakomschrijvingen. Iedereen heeft de functie van 'associate'. Vergaderen doe je alleen als mensen dat nodig vinden, en projecten start je als je genoeg mensen hebt gevonden die er met jou in geloven. En je zorgt ervoor dat projectteams altijd klein blijven, zodat je altijd de 'hoe kan ik je helpen'-mentaliteit bewaart.

Ik begrijp dat het voorbeeld van Gore heel simpel klinkt, maar dat zo'n omslag zeker voor grote organisaties heel moeilijk is om in de praktijk te brengen. En deze manier van werken past ook niet bij iedere medewerker. Sommige mensen gedijen nu eenmaal beter bij strakke aansturing. Maar als u merkt dat u in uw organisatie heel veel omschreven takenpakketten heeft en er een 'moet-ik-jou-helpen'-mentaliteit heerst, start dan eens een experiment met een team rondom een nieuw project. Laat het team zelf het doel bepalen en laat het leiderschap vanzelf ontstaan. Dat klinkt toch best simpel?

10

Stop met het propaganderen van positief denken

Dit gaat geen gezellig hoofdstuk worden. De kans bestaat zelfs dat u dit een ronduit vervelend verhaal gaat vinden. Maar het is voor een goed doel. Ik wil u met dit hoofdstuk weer een stapje verder brengen in uw eigen denkproces over simpel. Ik wil u laten zien hoe we elkaar voor de gek aan het houden zijn met het advies om positief te denken. Positief denken helpt namelijk geen moer, en het is nog hartstikke gevaarlijk ook.

Laat ik bij het begin beginnen. Positief denken, we worden ermee om de oren geslagen op seminars, er zijn management-boeken over volgeschreven en hele organisaties hebben positief denken als *kernwaarde* opgenomen in hun *mission statement*. En mocht u onverhoopt werkloos raken, een vreselijke ziekte hebben of op zoek zijn naar een partner, dan is de kans groot dat u uit uw omgeving al snel te horen krijgt dat u 'ondanks alles' positief moet blijven denken.

Dat klinkt natuurlijk hartstikke mooi. Het zou geweldig zijn als er een heel eenvoudige oplossing zou bestaan voor al onze problemen: denk positief en alles komt goed.

Helaas. Zo simpel is het niet. Als u in een auto zit zonder benzine, kunt u positief denken tot u een ons weegt, maar die auto blijft gewoon stilstaan. Of wat dacht u van voetbalclub PSV? De Eindhovense club wilde in 2013 dolgraag landskampioen voetbal worden. En misschien nog wel de beker winnen, en natuurlijk zouden ze hoge ogen gooien in Europa. Ze geloofden er echt in. Ze vierden dat jaar immers hun honderdjarig jubileum en hadden ook nog eens AC Milan-vedette Mark van Bommel en topcoach Dick Advocaat naar Eindhoven weten te halen. De sfeer was perfect en iedereen was lekker positief aan het denken. Toch liep het niet goed af. PSV greep naast alle prijzen.

Maar goed, dat zijn mislukkingen. Hoe zit het dan met al die succesvolle mensen en managementsprekers? Die roepen toch allemaal dat ze succesvol zijn omdat ze positief denken? Dat klopt. Maar is het daardoor ook waar? Of zou een verklaring kunnen zijn dat het in onze tijdgeest domweg niet heel *fashionable* is om te zeggen: 'Nou, ik ben vooral succesvol omdat ik zo'n lekkere mopperkont ben'. Zoiets durft alleen Maarten van Rossem te beweren. Of nog een andere invalshoek: 'Nou, ik heb gewoon heel veel talent voor wat ik doe, en daarnaast ook regelmatig geluk gehad. En dan ben je ineens zo succesvol als ik'. Voetballer René van der Gijp is één van de weinige mensen die ik ken die dat hardop durft te zeggen. Maar zou hij daarmee echt de enige zijn met talent en geluk?

Voor wie nu nog twijfelt, heb ik nog meer slecht nieuws: er is in de wetenschap geen onomstotelijk bewijs dat positief denken en succes, of positief denken en gezondheid, enige samenhang hebben. Ik kan u hierbij het boek *Smile or Die: how positive thinking fooled America and the world* van de Amerikaanse socioloog Barbara Ehrenreich van harte aanbevelen. Zij zoekt in haar boek naar een wetenschappelijke onderbouwing van positief denken. En die vindt ze niet. Er zijn wel wat kleinschalige studies die zouden suggereren dat positief denken enige invloed heeft, maar die zijn in tientallen andere studies weer verworpen.

U kunt positief denken eigenlijk het beste vergelijken met homeopathie. Dat werkt ook niet. U mag er met alle liefde in geloven en u er prettig bij voelen, maar gaat u vooral niet denken dat het een bewezen aanpak is die leidt tot genezing. Het is niet voor niets dat er sinds 1 juli 2012 op verpakkingen van homeopathische geneesmiddelen geen claims ('helpt tegen verkoudheid') meer mogen staan. Die claims zijn immers niet onderbouwd.

Mocht u een verstokt positief denker zijn, haalt u dan nu even diep adem en probeert u het hoofdstuk toch nog even uit te lezen. ~~Ik zou bijna zeggen: blijf positief.~~ Want als u zich gewoon prettig voelt bij positief denken, moet u dat vooral blijven doen. Ik ben de laatste die iemand zijn pleziertje wil afnemen. U bent uiteraard de enige die bepaalt waar u zich senang bij voelt.

Mijn doel met dit hoofdstuk is vooral om u te wijzen op het gevaar van het propageren van positief denken. Met andere woorden: wat u zelf gelooft is uw zaak, maar wees heel terughoudend in het adviseren van positief denken aan anderen.

Waarom ik dit zeg? Als u tegen anderen zegt dat ze positief moeten denken omdat dat 'helpt' bij het vinden van geluk of het behalen van succes, zegt u impliciet ook dat iemand die niet gelukkig of succesvol is, dan maar beter zijn best had moeten doen met positief denken. Als iemand maar geen baan kan vinden, is zijn *mindset* blijkbaar nog niet positief genoeg. Of als iemand in een depressie raakt, moet hij gewoon wat positiever leren denken. En die gedachte vind ik ronduit gevaarlijk.

Ik ben niet de enige: Olympisch zwemkampioen en ex-kankerpatiënt Maarten van der Weijden maakt zich er in zijn boek *Beter* ook druk om. Van der Weijden kreeg in 2001 te horen dat hij leukemie had. Na vier chemokuren en een stamceltransplantatie werd hij genezen verklaard. Amper 8 jaar later won hij een gouden medaille tijdens de Olympische Spelen van Peking. U herinnert zich vast nog de bloedstollend spannende wedstrijd met het emotionele commentaar van collega-zwemmer Pieter van den Hoogenband. Het sprookje leek compleet: een gezonde jongen krijgt kanker, geneest en wint goud. Wat een held! Die man zal vast heel positief denken.

Het tegendeel is waar. Van der Weijden hekelt het idee dat positief denken hem heeft genezen van kanker. Hij noemt het zelfs een belediging voor alle kankerpatiënten die keihard hebben gevochten om te overleven, maar het desondanks niet hebben gered. Van der Weijden noemt zichzelf simpelweg een geluksvogel. Hij zag in het ziekenhuis vele patiënten om zich heen die mentaal veel sterker waren dan hij en die ongelooflijk positief dachten, maar het niet hebben gered.

Ik ben diep onder de indruk van de woorden van Van der Weijden. Ik hoop dat u nu begrijpt waarom ik wil dat we stoppen met het rondbazuinen van positief denken als 'simpele' oplossing voor van alles en nog wat. Dat is het namelijk gewoon niet.

11

Hoe krijg ik ze zover? Vertel mensen wat ze wél moeten doen!

Iedereen die ook maar een dag communicatietraining heeft gehad weet dat je altijd moet communiceren wat je wél wilt. En dat je dus nooit in niet-boodschappen moet communiceren. U kent het bekende grapje wel: als ik u vertel niet aan een roze olifant te denken...waar denkt u dan aan? Juist ja, aan een roze olifant.

Toch hangt ons land vol met bordjes met wat er allemaal niet mag. Gemeentes plaatsen bijvoorbeeld nog steeds borden met de tekst 'hier geen afval storten'. Voor brave burgers maakt dat allemaal niets uit; die brachten hun afval toch al keurig naar de milieustraat. Maar zo'n bordje brengt Sjaak de Sjacheraar natuurlijk alleen maar op ideeën. Die denkt onmiddellijk: 'Verdomd, mooi stil plekkie, daar kom ik vanavond effe die oude roestende wasmachine dumpen.'

Of wat dacht u van het bordje 'Verboden op de trap te zitten'? Dat zag ik op het station in Den Bosch hangen. En u raadt het al: op de trap zaten drommen scholieren lekker te lunchen. Om de paar minuten werden ze weggejaagd door een zwaar gefrustreerde medewerker van de beveiliging. En het stomme is natuurlijk dat alle voorbijgangers van dit bordje alleen maar weer op een idee worden gebracht om te gaan zitten.

Tijdens workshops vertel ik vaak over dit vertel-wat-je-wél-wilt-principe en daag ik mensen uit dit door te voeren in hun eigen praktijk. Onlangs kwam na afloop van zo'n workshop een conciërge van een muziekschool enigszins geïrriteerd naar me toe. Hij vertelde dat veel leerlingen hun fietsen tegen een glazen zijwand van de muziekschool plaatsten. Dat was niet de bedoeling. Daarom plaatste de directie een bordje: 'VERBODEN FIETSEN TE PLAATSEN'. Het gevolg? Alleen maar meer fietsen tegen de wand. De conciërge vroeg me: 'Dat bordje is zeker ook fout hè? Heb jij een betere oplossing?'

Natuurlijk had ik die. Ik heb hem geadviseerd het bordje 'Verboden fietsen te plaatsen' weg te halen en te vervangen door een mooie afbeelding van een tuba. Hang daar vervolgens een bordje bij met de tekst: 'Hier alleen tuba's plaatsen' en klaar ben je.

De conciërge keek me wat wazig aan en ging morrend in gesprek met zijn directeur. Enige weken later belde de directeur me op. Hij vertelde dat er nu bijna geen fietsen meer tegen die glazen wand staan. En het allerleukste: de conciërge heeft weer lol in zijn werk. Vroeger moest hij de hele dag leerlingen wegsturen met een bozige boodschap in de trant van: 'haal die fiets eens weg' en 'kun je niet lezen?'. En nu loopt hij met een glimlach naar buiten en vraagt aan foutparkeerders: 'Is dat een tuba, jongen?'. Missie geslaagd.

Tot slot mijn oproep aan u: verzamel alle verbodsbordjes in uw organisatie en schrijf ze eens om. En als u niet weet hoe dat moet, stuurt u mij een mailtje via info@richardengelfriet.nl. Ik zal er dan een simpel alternatief voor schrijven.

12

De Wet van Wibi

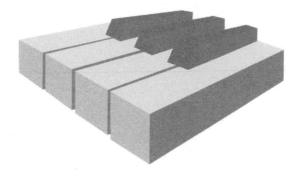

Onlangs zat ik bij een bespreking voor een congres. Er waren zeven grote organisaties bij betrokken. De sprekers waren geregeld, we hadden een leuk programma bedacht en een verrassende locatie. Alleen de inschrijvingen liepen nog niet. Er waren tot dusver slechts vijftien aanmeldingen en de organisatie wilde er minimaal honderd. Ik deed een simpel voorstel: 'Als jullie na deze vergadering allemaal je telefoon pakken en uit je eigen netwerk vijftien mensen regelen, hebben we binnen een dag 105 aanmeldingen'.

Nou, dat bleek zo simpel nog niet te zijn. 'Leuk plan Richard, maar ik denk wel dat het goed is dat we dan eerst via Anja even een stukje afstemming plegen. Ik zal bij onze afdeling *external affairs* een bestand opvragen met relaties en dat met iedereen delen. Als Wim dan even een Excel-sheetje maakt om ervoor te zorgen dat er geen dubbelingen voorkomen in onze *call sheets*, kan Ingrid aan de gang gaan met het *script* voor onze telefonistes, zodat we allemaal goed voorbereid met de belactie kunnen starten'.

Ze keken me allemaal glazig aan toen ik nog een keer uitlegde dat dat niet de bedoeling was. Ze kunnen toch ook zelf hun mobieltje pakken en vijftien mensen bellen? Helaas, de voorzitter van het gezelschap keek me streng aan en zei: 'Ik stel voor dat we dit punt vanwege de tijd doorschuiven naar de volgende vergadering'. Het congres is wegens gebrek aan belangstelling afgelast.

Nog een voorbeeld: ik zit regelmatig aan de koffie met startende ondernemers. Altijd leuke mensen vol goede moed en ideeën, maar ook altijd met één grote vraag: hoe kom ik toch aan klanten? Dat was ook de vraag van een dame die evenementen wilde organiseren. Ik sprak haar in september. Ze vroeg me vrij plompverloren of ik geen klus voor haar had. 'Jazeker wel', antwoordde ik, 'op 12 december is het gaafste congres van het jaar. Kun je dan?'. Ze bladerde voor de vorm door een vrijwel lege agenda en keek me daarna gretig aan: 'Ja, dan ben ik beschikbaar. Wat is het voor klus?'. Ik vertelde haar dat ze op 12 december het gaafste congres van het jaar ging organiseren. Met als ingrediënten al die leuke sprekers uit haar netwerk waar ze me net over had verteld, die 'verrassende hapjes' die ze kon maken en natuurlijk op een geweldige locatie. En de bezoekers zijn mensen uit haar netwerk die ze op deze manier kan laten zien wat voor een geweldige events zij kan organiseren.

Ze moest er nog eens goed over nadenken.

De twee suggesties die ik hierboven heb gedaan zijn gebaseerd op de *Wet van Wibi*. De *Wet van Wibi* is een simpele manier om uw eigen succes te organiseren. En u raadt het misschien al, de *Wet van Wibi* verwijst naar pianist Wibi Soerjadi.

Soerjadi wist als afgestudeerd conservatoriumstudent dat hij een lange, moeizame weg voor de boeg had tot hij succesvol zou zijn. Duizenden begenadigde pianisten streden met hem om opdrachten. En Wibi zag al zijn concurrenten van het ene concoursje naar het andere klungelen, onderwijl steen en been klagend: 'Je komt er gewoon niet tussen als starter'.

De chocomeldrinkende pianist besloot het daarom anders aan te pakken en zijn eerste concert te geven in het Concertgebouw in Amsterdam. Hij kocht zelf alle kaartjes op en zette zijn netwerk in. Hij deed al zijn vrienden, familie, buren en kennissen een voorstel: 'Jij krijgt van mij een gratis kaartje, maar ik heb wel twee voorwaarden: 1. Als je mijn kaartje accepteert, moet je wel echt komen. 2. Ik wil dat, als je mijn kaartje accepteert, je iemand meeneemt die mij nog niet kent'. En zo zat de zaal natuurlijk bomvol. Wibi speelde vervolgens de sterren van de hemel, kreeg zeven staande ovaties en had zichzelf direct op de kaart gezet. Een ster was geboren.

U kunt de *Wet van Wibi* ook inzetten. Ga niet afwachten en hopen op succes, maar ga aan de slag door anderen te laten zien wat u kunt en zet hierbij uw netwerk in. Het kan zo simpel zijn. En dat is ook mijn advies aan die tekstcorrector die mij onlangs belde met de vraag: 'Hallo. Ik ben tekstcorrector. Ik heb gehoord dat jij veel schrijft. Heb je misschien een tekst die ik voor je mag corrigeren?'. Ik heb de beste man vriendelijk bedankt. Wat hij natuurlijk had moeten doen, is een tekst van mij van internet plukken, deze corrigeren en mij daarmee overtuigen van zijn toegevoegde waarde. Zo ingewikkeld is dat toch niet?

13

Merkt u iets van wat u meet?

We zijn gek op meten. Je kunt tegenwoordig nog geen kop koffie bestellen of je krijgt er wel een evaluatieformulier bij met vragen over de sterkte van de koffie, de presentatie ervan, de wachttijd en dat allemaal gekoppeld aan uw sociaal-economische status, inkomen en vrijetijdsbesteding. En mocht u onverhoopt een klacht hebben, dan moet u een uitgebreid klachtenformulier invullen met tien vragen die u op een schaal van 0 tot 100 moet beoordelen. De optie 'Ik wou even doorgeven dat de koffie gewoon niet te zuipen was' zit er meestal niet bij.

Liefhebbers van dit soort formulieren zeggen altijd: 'Meten = weten'. Zij stellen dat je alleen door te meten kunt peilen hoe het gaat. Hardcore-liefhebbers van meten hebben er zelfs al een heilige wet voor bedacht: de SMART-sharia. Dat betekent dat ze niets van u accepteren, tenzij het Specifiek, Meetbaar, Acceptabel, Realistisch en Tijdgebonden is. Aanhangers van de SMART-sharia zijn dus niet tevreden als u zegt: 'Het gaat goed met onze organisatie', maar vinden dat u moet zeggen: 'De klanttevredenheid is gestegen van 7.3 naar 7.5'.

En mocht u klachten hebben over een organisatie die werkt met de SMART-sharia, dan krijgt u ook altijd een SMART-geformuleerd antwoord. Zo hoorde ik op het journaal een directeur van een taxibedrijf tegen een ernstig gehandicapte patiënt die twee uur in de regen heeft moeten wachten op een verlate taxi doodleuk zeggen: 'Een vervelend incident voor u, maar uit ons klantonderzoek blijkt dat de waardering voor onze dienstverlening op een acceptabel niveau van 8.1 zit. Daarmee scoort ons bedrijf boven de *benchmark*'.

Het grote probleem van al dat meten is dat steeds meer organisaties gaan geloven in een werkelijkheid die ze uitdrukken in een getal. De *meetbaarheid* is belangrijker geworden dan de *merkbaarheid*. Dat is natuurlijk verre van simpel en zorgt ook nog eens voor een gigantische bureaucratie. Joep Verbugt, voorzitter van de Raad van Bestuur van de GGzE, schreef er in een column van *GGzE Magazine* het volgende over: 'Iedere instelling moet volgens het HKZ (Harmonisatie Kwaliteitsbeoordeling in de Zorgsector, RE) gecertificeerd zijn. Dat betekent dat elk jaar weer een 'controle circus' voorbij komt. [...] Elk schroefje in het vliegtuig dat zorginstelling heet, wordt gecontroleerd en geregistreerd. Als het maar goed op papier staat krijg je een stempel. Of het vliegtuig in de praktijk ook kan vliegen, oftewel of er in de praktijk ook goede zorg wordt verleend, doet er blijkbaar niet zoveel toe'.

Meten kan veel simpeler. Breng al die meetmomenten terug tot één vraag. Een vraag die niet meer gaat over *meetbaarheid* ('kunnen we zoveel mogelijk items bedenken en mensen daar een score tussen 0 en 10 laten invullen'), maar over *merkbaarheid* ('kunnen we één vraag bedenken waarmee we echt merken wat het effect is van wat we doen'). Als u bijvoorbeeld wilt weten of uw klanten tevreden zijn, vraagt u: 'Zou u ons aanbevelen bij anderen?' Of als u wilt weten of uw medewerkers tevreden zijn, vraagt u: 'Zou u hier ook blijven werken als u minder salaris krijgt?'.

Uiteraard pas ik dit principe ook graag toe voor dit boek. Ik ga u niet lastigvallen met een enqueteformulier, maar stel u slechts een eenvoudige vraag: als u tevreden bent over dit boek, wilt u dat dan laten weten aan de mensen in uw netwerk? U mag ze namens mij de hartelijke groeten doen!

14

Hebt u al een regelvrije zone?

Ik ben heel blij met protocollen en procedures. Zo ben ik bij-voorbeeld al jaren bloeddonor en vind ik het heel prettig dat daar een heldere procedure voor is opgesteld, zodat ik weet dat ik met een gerust hart bloed kan geven. Ik zou het een erg beangstigend idee vinden als een verpleegster mij de volgende keer zou zeggen: 'Zo mijnheer Engelfriet, vandaag gaan we eens een keer in uw grote teen prikken en we nemen vijf liter af. Experimentje. Innovatie en lef, lekker even uit de *comfort zone*, weet u wel.'

Aan de andere kant: soms werken protocollen en procedures enorm verstikkend. Vrienden van me werken in het onderwijs, en vertellen me dat ze soms meer dan de helft van hun tijd bezig zijn met de registratie van allerhande gegevens. En ze zijn ook nog verplicht om hun leerlingen volgens allerlei gedetailleerde protocollen door de examenstof heen te loodsen. Zowel leraar als leerling hebben regelmatig het gevoel dat die protocollen belangrijker zijn dan zijzelf. Dat kan toch niet de bedoeling zijn?

Als u simpel wilt omgaan met procedures en protocollen, wil ik u adviseren om regelvrije zones in te stellen. U gooit dan niet alle procedures overboord, maar geeft mensen wel de ruimte om procedures aan de kant te schuiven als de situatie daarom vraagt. Laat ik u dit uitleggen aan de hand van twee praktijkvoorbeelden van zorgverzekeraar CZ en luchtvaartmaatschappij KLM.

Zorgverzekeraar CZ heeft natuurlijk veel regels en procedures. Soms valt daarbij een klant tussen wal en schip. Door omstandigheden lopen zaken anders dan waar de protocollen in hadden voorzien. Een medewerker van de klantenservice van CZ heeft daarom een persoonlijk budget van 1.000 euro om 'moeilijke gevallen' op te lossen. Dat kan door een discutabele rekening zonder verder gedoe te betalen, een bloemetje te sturen of zelfs een gezin een weekendje weg aan te bieden na een schrijnend voorval. Een medewerker heeft hier volledig de vrije hand in. Is het geld op? Dan bepalen medewerkers zelf of collega Henk opnieuw budget krijgt. Als Henk zijn budget heeft opgemaakt door iedere klant een fles champagne op te sturen, kunnen zijn collega's hem zo onmiddellijk op de vingers tikken.

CZ heeft op deze manier een simpele oplossing gecreëerd waarmee het medewerkers zelf de verantwoordelijkheid geeft om lastige situaties buiten het protocol om op te kunnen lossen. Simpel toch?

Nog een voorbeeld. Bij luchtvaartmaatschappij KLM kampten ze al jaren met het probleem van de roosters van het grondpersoneel. Het was een ingewikkelde klus om mensen en taken aan elkaar te koppelen. En als het rooster af was, meldde zich altijd wel weer iemand met het verzoek of hij vanwege de surpriseparty voor die goede vriendin dinsdag alsnog vrij kon krijgen. Niemand was uiteindelijk echt tevreden en er was permanent gezeur. En door al dat gezeur was er een hoog ziekteverzuim en lage productiviteit.

Hoe kun je zoiets oplossen met een regelvrije zone? Heel simpel: zelfroostering. Kort door de bocht betekent dit dat je alle medewerkers in een hok zet en hen aangeeft wat het werk is dat gedaan moet worden. De taken staan dus heel helder omschreven. Medewerkers mogen pas naar buiten als iedereen tevreden is met de gekozen oplossing. Je kunt dus niet weglopen met de mededeling: 'Nou, dat zoekt de roostermaker maar uit'. Die is er immers niet meer.

Het gevolg? Binnen de kortste keren ontstond een rooster waar iedereen zich in konden vinden. Het ziekteverzuim daalde en de productiviteit steeg. En wie dinsdag naar een surpriseparty wil, zal dat zelf moeten oplossen met collega's.

Een regelvrije zone is een simpele oplossing om ervoor te zorgen dat u de verstikkende werking van protocollen kunt doorbreken zonder ze direct naar de prullenbak te hoeven verwijzen. En natuurlijk snap ik dat regelvrije zones moeilijk te bedenken zijn. Het vraagt ook om een gezonde dosis lef. Maar het werkt wel: de grote rotonde op het Keizer Karelplein midden in Nijmegen is daar het ultieme voorbeeld van. Het is niet alleen één van de grootste rotondes van Nederland, maar ook één van de weinige rotondes in Nederland zonder wegmarkering. Hierdoor moet u zelf nadenken en zoeken naar veilige oplossingen. Het resultaat: gemeten naar het aantal auto's dat er elke dag rijdt een opmerkelijk klein aantal ongevallen.

15

Stop met clichédiarree en start met kiezen

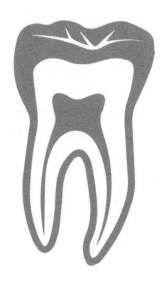

Laatst ontving ik een email van een zzp'er die verlegen zat om werk. Om haar kwaliteiten te onderstrepen schreef ze mij: 'Ik ben een proactieve en doortastende persoonlijkheid die houdt van uitdagingen en altijd streeft naar win-winsituaties'. Om er vervolgens aan toe te voegen: 'Mijn klanten omschrijven mij altijd als heel nuchter'. Ik begreep pardoes waarom ze geen werk meer heeft.

Los van het feit dat ik iemand die de termen proactief, uitdaging en win-winsituatie gebruikt om zichzelf te omschrijven nou niet bepaald 'nuchter' zou noemen, is bovenstaande omschrijving een typisch staaltje van *clichédiarree*. Ik noem het ook wel lucht verplaatsen. Want eigenlijk zegt deze dame helemaal niets. Of kent u zzp'ers die zichzelf promoten met 'ik rommel over het algemeen gewoon een beetje aan en stuur dan op een gegeven moment een factuur. En verder doe ik altijd watjes in mijn oren zodat ik dat gezeur van mijn klanten niet hoef aan te horen'.

Toch is clichédiarree erg populair. U komt het bijvoorbeeld ook tegen in mission statements van bedrijven ('wij zijn een daadkrachtige organisatie die resultaat voorop stelt en werkt vanuit visie'), in speeches van politici ('laten we gezamenlijk zoeken naar een oplossing die werkt') en als ultiem voorbeeld mag u de kersttoespraak van onze koning ('door verbindingen aan te gaan kunnen mensen samen een kracht ontwikkelen die bergen kan verzetten') er nog eens op naslaan.

Het is blijkbaar erg verleidelijk om niets te zeggen. Maar hoe verleidelijk ook: clichédiarree leidt altijd tot misverstanden over wat iemand nu precies bedoelt. Clichédiarree is immers richtingloze wenstaal: iedereen is het ermee eens, maar niemand weet wat hij ermee moet doen.

Wie het simpel wil houden, mag zich niet meer bezondigen aan clichédiarree en moet zich uiten in *keuzes*. Een keuze betekent dat u aangeeft dat u A wilt doen, en niet B. Terwijl B ook verdedigbaar is. Een klassiek voorbeeld is het antwoord dat politicus Pim Fortuyn tijdens een lijsttrekkersdebat gaf op de vraag wat hij ging doen aan de files: 'Niets. Ik wil aan de slag met zorg, veiligheid, integratie en onderwijs.' De gespreksleider drong nog een keer aan: 'Maar meneer Fortuyn! De files zijn een groot maatschappelijk probleem! Nederland staat vast!'. Fortuyn hield voet bij stuk: 'Dat klopt. En als je dat een groter probleem vindt dan zorg, veiligheid, integratie en onderwijs moet je dus niet op mij stemmen. Als je files een belangrijk probleem vindt en je wilt meer asfalt, stem dan VVD. Als je files een belangrijk probleem vindt en je wilt meer openbaar vervoer, stem dan GroenLinks'.

Beperk u dus in de toekomst tot *keuzetaal*. Vertel wat u wél wilt, en wat u níet wilt. En om te controleren of u ook echt een keuze durft te maken, kunt u zich heel eenvoudig afvragen of datgene wat u niet wilt, wel verdedigbaar is. 'Gaan voor resultaat' is dus geen keuze, net zo min als 'de klant centraal stellen'. Als u echter zegt: 'Wij gaan voor de laagste prijs en niet voor service' maakt u wel een keuze (hallo Ryanair!), net zoals u dat doet door te stellen dat 'wij onze klant pas een vergoeding in rekening brengen als wij resultaat voor hem hebben geboekt' (hallo beleggingsbank Alex!).

Naast het geven van richting heeft keuzetaal nog een belangrijk voordeel: u vergroot op een simpele manier uw herkenbaarheid. Ik zou u niet kunnen uitleggen wat het verschil is tussen telefoonwinkels *The Phone House*, *BelCompany* en *GSMPlaza*. Allemaal schreeuwerige winkels die geen keuzes maken: ze profileren zich allemaal met de laagste prijs, de beste kwaliteit en de meeste toestellen. Loop een keer binnen bij een Apple Store en u ziet het verschil: dure telefoons en amper keuze. Een gat in de markt.

Daarom tot slot een vraag aan u: aan welke keuzes kan ik u herkennen?

16

Waarom u nooit meer 'afspraak is afspraak' moet zeggen

Op vakantie in het buitenland had ik wat gedoe (lees: een inge-wikkeld en lang verhaal over megabytes, dataroaming en wifi hotspots) met mobiel internet bij Vodafone. Gelukkig werd ik meerdere keren uitstekend geholpen door ene Rob van de 'SmartPhoneCrew'. De beste jongen was zelfs zo attent om mij nog een keer terug te bellen om te kijken of alles nu naar wens was. Lang leve Rob!

Bij thuiskomst bleek er helaas nog iets mis met mijn factuur naar aanleiding van het gedoe. Kan gebeuren. Dus zocht ik con-tact met Rob. U weet wel, van de SmartPhoneCrew. Dat leek me een stuk simpeler dan het hele verhaal uit te moeten leggen aan iemand die mij niet kent.

Ik stuurde mijn vraag via Twitter. Vodafone is daar namelijk vrij actief en het scheelt een hoop tijd ten opzichte van het door-ploegen van al die keuzemenu's bij hun telefonische helpdesk.

Ik had mijn vraag als volgt geformuleerd:

@VodafoneNL: zou Rob vd SmartPhoneCrew mij willen bellen? Mijn nr is 0616330906.

En nu mag u raden welke reactie ik van @VodafoneNL kreeg:

1. Natuurlijk, hij belt u binnen een uur terug!

2. Rob is er vandaag niet, maar ik heb een notitie bij hem neer-
    gelegd. Dinsdag belt hij u terug.

3. Dat is niet handig. Stuur eerst even een bericht met daarin
    06-nr, klantnr, adres, geb. dat. en laatste vier cijfers van je
    bankreknr.

Ja, u raadt het goed. Het werd optie drie. Op mijn vraag of dit
niet een beetje omslachtig was, kreeg ik van @VodafoneNL de
volgende reactie: 'We doen dit vanwege uw privacy'.

Mijn privacy? De paarse krokodil van @VodafoneNL zul je
bedoelen! Kent u het reclamespotje van de paarse krokodil nog?
Moeder zwemt met kind. Ze spelen met een paarse opblaaskro-
kodil. Na het afdrogen en aankleden lopen ze naar buiten...en
bedenken dan dat ze hun krokodil vergeten zijn. Bij de balie
zien ze hem staan. Maar helaas, de badmeester is onverbidde-
lijk: 'Gevonden voorwerpen kunt u alleen op dinsdagmiddag
afhalen. Wel graag even dit formulier invullen, inclusief de achterkant. En kopietje paspoort meebrengen'. De verbaasde moeder wijst naar de krokodil: 'Maar hij staat daar!'. 'Ja, mevrouw,
hij staat daar. Maar afspraak is afspraak'.

'Afspraak is afspraak' zorgt voor onnodige bureaucratie, ingewikkelde misverstanden en veel ergernis. Die mevrouw ziet
haar krokodil staan en wil die graag mee naar huis nemen. Ze
begrijpt echt niet waarom ze daar al die rare procedures voor
moet volgen. En gelijk heeft ze.

En precies diezelfde krokodil staat blijkbaar ook bij de mensen van @VodafoneNL. Als ik een abonnement wil afsluiten van 50 euro per maand via Twitter snap ik dat Vodafone wil nagaan of ik echt diegene ben die ik zeg te zijn. Maar als ik alleen even wil vragen of Rob van de SmartPhoneCrew contact met mij wil opnemen, waarom zou ik dan die hele zwik informatie moeten ophoesten?

Een afspraak hoort bij een context. Het is voor iedereen een stuk simpeler als u blijft nadenken over die context dan dat u halsstarrig blijft vasthouden aan het prediken van 'afspraak is afspraak'[2]. En voor wie dat toch wil blijven doen, heb ik ook een advies. Zeg dan gewoon: 'Ik ben een bureaucraat en ben dol op paarse krokodillen'. Dan weet iedereen tenminste waar ze met u aan toe zijn.

---

2   En nee, ik zeg daarmee niet dat u uw afspraken niet meer moet nakomen. Op tijd verschijnen op een vergadering, een deadline nakomen of iemand terugbellen hoort bij fatsoenlijk gedrag. Daar hoeft u uzelf niet voor op de borst te kloppen met 'afspraak is afspraak', dat moet u gewoon doen.

17

Simpel helpen: grote opbrengsten met kleine inspanningen

U komt in dit boek regelmatig mijn waarschuwing tegen dat simpel heel moeilijk is. Dit hoofdstuk vormt daarop een uitzondering. Dit hoofdstuk gaat over een simpele én eenvoudige manier om problemen op te lossen: door elkaar te helpen. Ik geef u drie voorbeelden met vragen waar u even over mag nadenken. En vervolgens geef ik u de eenvoudige antwoorden. Mocht u zelf nog simpelere antwoorden kunnen bedenken, dan hoor ik dat uiteraard graag!

Het eerste voorbeeld gaat over een leenauto. Als u uw auto naar de garage brengt voor een reparatie, hebt u die wellicht nodig. Sommige garages doen daar erg moeilijk over: de eerste keer dat ik vroeg om een leenauto kreeg ik een fiets mee. Na veel zeuren reed ik uiteindelijk weg in een stinkend oud barrel. Helaas voor mijn kinderen pasten de kinderzitjes er niet in. Bij een volgende reparatie ben ik dan ook naar een andere garage gegaan. Daar was een leenauto geen enkel punt: ik kreeg onmiddellijk de grootste en duurste bak mee 'om een keer uit te proberen'. Toch werd ik hier ook niet gelukkig van. Ik woon in een krap straatje waar het moeilijk parkeren is. Ik kon die grote bak amper parkeren en vreesde elke dag voor een deuk. Kan een garage mij niet veel simpeler helpen?

Ik geef u straks mijn antwoord. Kunt u er even op broeden. In de tussentijd leg ik u alvast een tweede casus voor.

Een kennis van me heeft een handicap en ging verhuizen. In zijn nieuwe woning kwam een aangepaste keuken. De keukenboer haalde de oude keuken eruit en plaatste de nieuwe erin. Alles werkte prima, alleen waren er geen stopcontacten geplaatst: 'Dat is de taak van de woningbouwcorporatie'. Mijn kennis belde met de woningbouwcorporatie. Helaas wilden zij ook geen stopcontacten plaatsen: 'Wij hebben u een keuken aangeboden met werkende stopcontacten. Als u daar aanpassingen in doet, ligt de verantwoordelijk voor de afwerking bij u of uw leverancier'. Contractueel bleken beide partijen gelijk te hebben. Hoe lossen we dit simpel op?

En dan tot slot voorbeeld nummer drie. U werkt voor de Efteling. Woedend en briesend staat een gezin voor uw neus dat op één dag drie keer dezelfde pech heeft gehad. Het gezin stond steeds in de rij bij een attractie waar het vlak voor het instappen de boodschap kreeg te horen dat de Efteling 'wegens een technisch mankement alle bezoekers moet vragen om de attractie per direct te verlaten'. En u snapt hoe dit gezin zich voelt: ze hebben meer dan 100 euro uitgegeven aan toegangskaartjes, hebben meer dan drie uur voor niets in de rij gestaan, en er hangen twee huilende kinderen aan de armen van twee zeer boze ouders. Ze hadden zich hun dagje Efteling heel anders voorgesteld. Hoe lost u dit op?

Mijn antwoord op alle drie de cases ligt verscholen in een simpel netwerkprincipe: *low sacrifice, high profit*. Ga altijd op zoek naar oplossingen die voor de ene partij een *low sacrifice* (lage opoffering) en voor de andere partij een *high profit* (hoge opbrengst) zijn. Laat ik u dit uitleggen aan de hand van armoedeambtenaar Sjaak.

Sjaak werkt in een middelgrote gemeente in Nederland aan armoedebestrijding in een achterstandswijk. Hij heeft geen kantoor op het gemeentehuis, maar zit in een antikraakwoning midden in 'zijn' wijk. Een lage opoffering voor hem: Sjaak werkt toch al het liefst in zijn wijk in plaats van op het gemeentehuis. De woningbouwcorporatie is ook blij: door de aanwezigheid van Sjaak is er toezicht op het leegstaande pand. Afijn, Sjaak ging kennismaken met zijn wijkbewoners. Zo trof hij de beresterke Henk aan. Henk is een goedaardige alcoholist die vanaf 11 uur 's ochtends halve liters bier opentrekt totdat hij 's avonds stomdronken in slaap valt.

Tegenover het huis van Henk woont mevrouw Jansen. Een dame op leeftijd die sinds kort een rollator heeft én een hoge drempel bij de voordeur die nu in de weg zit. Sjaak kan via ingewikkelde ambtelijke systemen proberen die drempel weg te laten halen, maar dat kost de gemeente geld en duurt erg lang. Sjaak besloot het te vragen aan Henk[3]. En zo stond Sjaak in de vroege ochtend met een sloophamer bij Henk voor de deur. Natuurlijk wilde Henk wel eventjes 'dat oude mensje' helpen. Henk sloeg het drempeltje eruit, bleek ook in staat om met een beetje cement de boel glad te strijken, en klaar was ~~Kees~~ mevrouw Jansen.

Sjaak bedacht vervolgens wat mevrouw Jansen aan Henk kon geven: aandacht[4]. Sjaak liet Henk achter bij mevrouw Jansen.

---

3 Inderdaad, wel ruim voor elf uur.
4 En heel sterke koffie.

Voor het eerst in jaren luisterde er weer eens iemand naar Henk. Henk trok die dag zijn eerste pils pas om half acht 's avonds open.

De volgende dag stond Henk weer voor de deur bij mevrouw Jansen. Hij wilde nog eens praten. En mede dankzij haar luisterend oor stopte Henk met drinken. Via een contact van Sjaak kreeg hij vervolgens de kans om aan de slag te gaan als buschauffeur. Hij rijdt nu op lijn 5.

Zo simpel kan het dus zijn. Zoek naar een lage opoffering voor uzelf en een hoge opbrengst voor een ander. Dát is pas echt helpen. En dat kan die garage natuurlijk ook doen. Een klant die een leenauto wil, verwijs je door naar je showroom: 'Zoekt u zelf maar een mooie auto uit'. Wil hij een cabrio? Een familiebak? Een minimodel? Allemaal prima. Plak er een sticker op van uw garage en u hebt een gratis rijdende reclamezuil. En reken maar dat zo'n klant graag reclame voor u maakt. Wat een topservice!

En die kennis van me? Die belde gewoon een handige oom die nog een stopcontactje had liggen en het klusje in vijf minuten klaarde. De keukenboer en de corporatie stuurde hij een fototje van het eindresultaat met de mededeling dat het euvel was verholpen.

En wat doet u met dat boze gezin bij de Efteling? Die biedt u natuurlijk aan om vijf attracties aan te wijzen waar een medewerker ze via de achteruitgang naar binnen zal begeleiden. Kunnen ze vijf keer direct instappen bij een attractie naar keuze.

De kinderen beginnen direct te glunderen: 'Mogen we ook twee keer achter elkaar in de Python?'. Natuurlijk mag dat.

Nu weer terug naar u. Iemand helpen is geweldig simpel en ook nog eens heel eenvoudig, zeker als u gebruik maakt van uw eigen 'showroom' en die van anderen. Vraag uzelf af waar u heel goed in bent of waar u eenvoudig toegang toe hebt en zet het in om anderen te helpen. Hoort u dat iemand op zoek is naar werk in de zorgsector? Breng hem of haar in contact met iemand uit uw netwerk. Dat boek over *time-management* dat in uw kast ligt te verstoffen? Geef het weg aan die oud-collega die maar blijft worstelen met haar tijdsindeling. Helpen is verrassend simpel!

18

Wees Waanzinnig

Kunt u zich de Mexicaanse griep nog herinneren? Een paar maanden waren we allemaal in de ban van het besmettingsgevaar. Bij veel organisaties stond ontsmettingsmiddel op vergadertafels en sommige mensen liepen zelfs met een mondkapje rond. Ook bij supermarktketen Jumbo zat de schrik er goed in. Om hun klanten te beschermen tegen de Mexicaanse griep vaardigde het hoofdkantoor de volgende oekaze uit naar alle Jumbo filialen: 'Vanwege de Mexicaanse griep is het deze maand verplicht om minstens drie keer per dag al uw winkelwagentjes te desinfecteren'.

U raadt het al: daar waren die filiaalhouders niet blij mee. Ze hadden het al zo druk en dan moesten ze die vakkenvullers ook nog laten poetsen. En reken maar dat de gemiddelde vakkenvuller daar ook niet op zat te wachten: 'Ik ben vakkenvuller, geen poetshulp!'

Kortom, een hoop weerstand en veel halfslachtig gepoets. Eén filiaalhouder ging echter anders om met het verzoek van het hoofdkantoor. Waar alle andere filiaalhouders met tegenzin hun vakkenvullers lieten poetsen, plaatste deze filiaalhouder een bordje bij de ingang van de supermarkt met de volgende tekst: 'Geachte klant. Vanwege de Mexicaanse griep bieden wij u gratis de mogelijkheid om zelf uw winkelwagentje te desinfecteren. U vindt bij de winkelwagentjes allerlei schoonmaakmiddelen. Mochten de middelen op zijn, spreekt u dan één van de Jumbomedewerkers aan. Zij zullen de middelen op uw verzoek aanvullen'.

Het gevolg van deze simpele oplossing? De winkelwagentjes werden in dit filiaal niet de beoogde drie keer per dag schoongemaakt, maar meer dan twintig keer. En de kwaliteit van het geleverde werk was ook stukken beter: waar in andere filialen zestienjarige ~~puistenkopjes~~ vakkenvullers een beetje halfslachtig aan het vegen waren, poetsten hier huisvrouwen alsof hun leven ervan afhing. De meeste klanten poetsten zelfs meerdere karretjes, want 'die zitten allemaal aan elkaar vast en dat vind ik niet hygiënisch'.

Deze filiaalhouder liet een fraai staaltje zien van het simpele motto *wees waanzinnig*. Stap eens af van de gebaande paden en durf het anders aan te pakken. Denk bijvoorbeeld ook aan de waanzinnig simpele ontbijtjes van IKEA. Elke dag kunt u daar 's ochtends een ontbijt kopen voor 1 euro. IKEA trekt er al jaren drommen mensen mee de winkel in.

Ik weet het: waanzinnige oplossingen zijn lastig om te verzinnen. Bedenk maar eens zo'n bordje bij de supermarkt of kom als eerste met het plan om ontbijtjes te gaan serveren in een meubelwinkel. Suffe en voor de hand liggende oplossingen zijn veel makkelijker en geaccepteerder. Toch lonen waanzinnige oplossingen altijd beter dan de 'zo doen we het nou eenmaal hier'-oplossingen. Ga maar na: wie meer klanten in zijn winkel wil, kan hele steden volhangen met advertenties, maar die ontbijtjes van IKEA zijn een stuk effectiever en zijn nog winstgevend ook. Dat is toch waanzinnig?

19

Het is tijd voor het pechprincipe

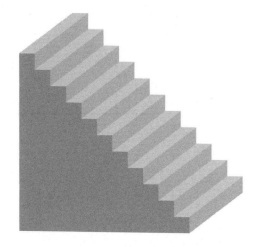

Gisteren stond ik in de keuken met een kopje in mijn handen. Mijn zoontje van 1 besloot dat het tijd was om even flink aan papa's been te trekken en van schrik liet ik het kopje vallen. Kopje stuk, zoontje huilen. Dat wil ik me uiteraard niet nog eens laten gebeuren. Vandaar dat ik nu bezig ben met het schrijven van een Kwaliteitsrichtlijn Omgang Serviesgoed. Ik heb ook een externe visitatiecommissie ingeschakeld om de werkwijze van mij en mijn zoontje door te lichten en waar mogelijk concrete actiepunten op te stellen ter verbetering. Tot slot heb ik onmiddellijk een nieuwe meldingsprocedure ingesteld, zodat mijn vriendin sneller op de hoogte is van sneuvelend serviesgoed en zij indien nodig direct vervangend servies kan bestellen.

Ja, dit was een grapje. Maar nee – ik verzin dit niet. Fouten leiden in de meeste organisaties direct tot dit soort gedrag. Iedere fout leidt tot nieuwe rapportages, richtlijnen, procedures en normeringen. Om fouten te voorkomen hebben ze dan meestal ook nog 'Plan-Do-Act-Check'-cycli, ISO 9000-circussen, *lean & mean*-gedoe, allerhande inspecties en registraties. Eén zekerheid hebt u hierbij: het wordt er allemaal niet simpeler op. Al die procedures zorgen voor stroperigheid en bureaucratie.

Overdreven? Dan neem ik u graag mee naar Utrecht, 6 augustus 2006. Tijdens de gezellige Muzikale Botenparade dansen meer dan vijftig personen op een trap aan de oevers van de Oudegracht. De trap is niet bestemd tegen het gewicht van zoveel mensen en stort in. Tientallen mensen raken gewond, en uiteindelijk kost het één persoon het leven.

De zaak is tot op de bodem uitgezocht. Uiteindelijk was de oorzaak een 'ernstige constructiefout' waarvoor de gemeente Utrecht aansprakelijk is gesteld. Het gevolg: alle trappen in Utrecht ondergingen uitgebreide inspectie en er kwamen nieuwe richtlijnen voor trappen. En daarmee was de kous niet af: in vrijwel alle andere Nederlandse gemeenten werden trappen nagekeken en procedures opgesteld. U mag zelf bedenken hoeveel tijd en geld dat ons land heeft gekost.

En daarom mijn vraag aan u: vindt u dit écht nodig?

Ik niet. Volgens mij had de burgemeester van Utrecht de volgende reactie moeten geven:

'Ik vind het verschrikkelijk wat er is gebeurd. Ik wens alle nabestaanden van het slachtoffer heel veel sterkte. Ik hoop dat wij allen hiervan leren en beseffen hoe een feestelijke situatie plotsklaps kan omslaan in een gevaarlijke. Met vijftig man dansen op een houten trap geeft risico's. Tientallen mensen raakten gewond en één persoon is slachtoffer geworden van de pech die hoort bij dat risico.'

Misschien vindt u mij nu koud of harteloos, maar ik vind oprecht dat we weer moeten aanvaarden dat er in het leven zoiets simpels bestaat als pech. Hier speelde geen opzet van kwaadwillige mensen of verwijtbare nalatigheid. Hier is iemand het slachtoffer geworden van de onnadenkendheid van vijftig mensen die natuurlijk niet op die trap hadden moeten staan springen.

En nu weer terug naar al die procedures, richtlijnen en protocollen. Ik pleit niet voor het domweg weggooien ervan, maar wel voor een kritische herbezinning. Als u ervan overtuigd bent dat iedere mogelijke fout altijd voorkomen moet worden, ga dan door met het maken van nog meer procedures, richtlijnen en protocollen. Maar dan mag u er vanaf vandaag ook niet meer over klagen. En u moet dan ook niet zeuren als de motivatie en prestatie van veel vakmensen in uw organisatie achteruit hollen.

En voor wie wél de strijd wil aangaan tegen de overvloed aan protocollen en richtlijnen en het simpel wil houden: omarm het pechprincipe en accepteer dat fouten gemaakt zullen worden. Natuurlijk mag u die fouten bespreken en ervan leren, maar laat niet elke fout de opmaat zijn voor weer een nieuw voorschrift.

Ik ben benieuwd voor welke keuze u gaat. Durft u het pechprincipe in te voeren?

20

Stop met zeuren over de bureaucratie van de overheid en geef zelf het goede voorbeeld!

Wie wel eens op een netwerkborrel is geweest met onderne-mers, kan er de klok op gelijk zetten: ondernemers roepen stee-vast dat ze gek worden van al die regels van de overheid, de bemoeizucht en die oneindige stroom aan formulieren. Wat is de overheid toch bureaucratisch!

Ik vind dat de meeste ondernemers boter op hun hoofd hebben. De meeste bedrijven zijn tegenwoordig veel bureaucratischer dan menige overheidsdienst. En dan heb ik het niet over de manier waarop ze met hun klanten omgaan. Dat gaat meestal nog wel redelijk soepel. Ik heb het vooral over de manier waarop bedrijven met hun leveranciers omgaan: het inkoopproces. En bij dat inkopen komt u een partij bureaucratie tegen waar zelfs Kafka zich nog voor zou omdraaien in zijn graf.

Laat ik u eens meenemen in de dagelijkse praktijk van Nathan. Nathan werkt voor een middelgroot bedrijf dat koelinstallaties verhuurt aan de industrie. Hij ergert zich kapot aan alle regels die inkopers verzinnen: 'Je wilt niet weten hoeveel documen-ten ik standaard moet aanleveren als ik bij een bedrijf kom om een installatie te leveren met een paar monteurs. En het ergste is: ze verzinnen elke keer weer nieuwe normeringen, verkla-ringen en richtlijnen. Zo moest ik onlangs bij een bedrijf waar wij al jaren naar tevredenheid leveren een certificaat indienen waarin expliciet vermeld stond dat wij verantwoordelijk zijn voor de afdracht van sociale premies voor onze uitzendkrach-ten. En zo'n certificaat is geen formuliertje: je moet dan een audit laten doen door een extern bedrijf en een hele papierwinkel invullen. Om je certificering te behouden mag je dat ritueel jaarlijks herhalen. Maar nu het punt: wij hebben helemaal geen uitzendkrachten! Onze monteurs zijn allemaal in vaste dienst, dus ik kán zo'n certificaat niet eens aanvragen.'

Nathans voorbeeld is exemplarisch voor de enorme hoeveelheid bureaucratie die bedrijven elkaar opleggen. Kijkt u bijvoorbeeld eens op de Wikipedia-pagina met NEN-normeringen (zie bit.ly/wikiNEN). Dat zijn allemaal voorschriften en bepalingen die niet verplicht zijn. Bedrijven kiezen er echter massaal voor om elkaar die normeringen op te leggen. En inmiddels is er dus ook weer een hele bedrijfstak ontstaan van bedrijven die tegen een forse vergoeding al die normeringen uitvoeren met audits, registraties en controles.

Naast al die normeringen, certificaten en formulieren zijn bedrijven tegenwoordig ook dol op het stellen van allerlei eisen in hun algemene voorwaarden. In theorie bespreken koper en leverancier met elkaar welke voorwaarden ze hanteren bij een deal, maar in de praktijk trekt de kopende partij natuurlijk aan het langste eind: 'anders gaat de koop niet door'. En om dat punt te onderstrepen hebben de meeste bedrijven tegenwoordig standaard een bepaling in hun Algemene Voorwaarden die stelt:

'De toepasselijkheid van eventuele door de Leverancier gehanteerde algemene voorwaarden wordt hierbij uitdrukkelijk van de hand gewezen.'

Met andere woorden: de koper is de baas. Dat ondervond Nathan ook. Hij had een nieuwe klant die een order wilde plaatsten voor 4.000 euro. In de algemene voorwaarden van zijn klant stond opgenomen dat het bedrijf van Nathan onbeperkt aansprakelijk was voor alle schade, inclusief vervolgschade. Nathan: 'In ons bedrijf is dit een relatief kleine order. Het is een nieuwe klant, dus je hoopt dat deze klant later ook grotere orders gaat plaatsen. Maar wij kunnen natuurlijk nooit akkoord gaan met onbeperkte aansprakelijkheid. Dat kan immers betekenen dat ons bedrijf voor een order van 4.000 euro het risico loopt om failliet te gaan. Die inkoper was echter onvermurwbaar en weigerde de voorwaarden aan te passen. Wij hebben de deal laten schieten'.

Wie zich ergert aan bureaucratie, mag zich dus ook eens gaan ergeren aan bedrijven. Die leveren een gigantische bijdrage aan de regel- en bemoeizucht waar ze zelf zo graag op afgeven. Ik ben nog altijd op zoek naar bedrijven die deze trend proberen te keren en hun inkoopprocedures simpeler durven te maken. Laat u mij de voorbeelden weten?

En om mijn betoog kracht bij te zetten wil ik graag een ode brengen aan de gemeente Nijmegen. In 2011 schreef ik een column over disclaimers. U weet wel, die lange en omslachtige zinnen onderaan emailberichten met bepalingen over aansprakelijkheid, geheimhouding en allerlei andere juridische bepalingen. Kern van mijn column (zie bit.ly/columndisclaimer): disclaimers zijn volstrekt overbodige en klantonvriendelijke onzinpraatjes zonder enige juridische grond. En wie denkt u dat zich meldden naar aanleiding van mijn column? Talloze commerciële bedrijven die lekker daadkrachtig hun disclaimer hadden weggehaald? Welnee.

Ik kreeg wel een bericht van Marion Wetzels, medewerker van de gemeente Nijmegen. Zij schreef: 'Wij hebben in het programma dienstverlening bij de gemeente Nijmegen onlangs ontdekt dat er onder externe mails een disclaimer werd toegevoegd. Vanuit een klantperspectief onvriendelijk, ook tamelijk achterhaald, en juridisch niet effectief. Na overleg met juristen en ICT is hij verwijderd'.

Hopsakee! Zo kan het dus ook. Ik ben onlangs bij Marion op de koffie geweest. Bleek dat ze niet alleen een disclaimer hebben weggehaald, maar ook op andere terreinen hard aan het werk zijn om bureaucratie en rare regeltjes tegen te gaan. Zo betalen ze hun leveranciers bijvoorbeeld binnen twee weken. Daar hoef je bij de meeste commerciële bedrijven niet op te rekenen: die laten hun leveranciers rustig twee maanden wachten op hun geld.

Tot slot weer even terug naar die ondernemersborrels. Mocht u daar iemand treffen die staat te zeuren over de bureaucratie van de overheid, stelt u dan deze drie vragen:

- Stuurt u zelf emails zonder disclaimer?
- Is het in uw organisatie mogelijk om een protocol in de

prullenbak te gooien als het eigenlijk niet helder is welk probleem dat protocol oplost?

- Hebt u algemene voorwaarden zonder de bepaling 'de toepasselijkheid van de algemene voorwaarden van de leverancier wijzen wij nadrukkelijk van de hand'?

Bij drie keer 'ja' kom ik hoogstpersoonlijk bij die persoon op de koffie met een gratis en gesigneerd exemplaar van dit boek. In het voorwoord schrijf ik dan dat zijn bedrijf officieel gecertificeerd mag zeuren op de bureaucratie van de overheid. Als u wilt, leg ik het zelfs vast in een NEN-norm. Ik hoor graag van u!

21

Hoe ga ik simpel om met weerstand?

Of u nou van plan bent een nieuwe woonwijk aan te leggen, uw organisatie anders in te richten of op een andere manier uw nek uitsteekt: u krijgt altijd te maken met weerstand. Mensen zijn boos, willen het liefst dat alles blijft zoals het is of vinden het gewoon leuk om uw leven wat zuurder te maken. En dus gaat u de aanval in. U huurt een spindocter in, belegt sessies en laat uw pr-machine overuren maken. Of kan het ook simpeler?

Mijn advies aan u is om altijd eerst mee te veren met weerstand. Dat scheelt in de eerste plaats een hoop energie en voor u het in de gaten hebt krijgt u nog betere resultaten dan u ooit had durven dromen. Voorbeeldje doen? De openbare bibliotheek in het Amerikaanse plaatsje Troy zat in zwaar weer. Om open te kunnen blijven, vroegen ze daarom extra subsidie aan bij het gemeentebestuur. Maar helaas: in tijden van bezuinigingen kon hun voorstel op weinig steun rekenen. Sterker nog: de conservatieve Tea Party maakte een heikel punt van de voorgestelde belastingverhoging en voerde actief campagne tegen de extra uitgaven voor de bibliotheek. Onder de weinig subtiele titel 'Vote No!' werden kiezers opgeroepen tegen de extra uitgaven te stemmen.

In plaats van ingezonden brieven in het plaatselijke sufferdje te gaan schrijven of het debat met de gemeenteraad aan te gaan, koos de Troy Public Library voor de strategie van het meeveren. Ze plaatsten, zonder zichzelf bekend te maken, borden in hun mooie stadje met de tekst: 'Vote to close Troy Library: August

2nd. Book Burning Party: August 5th'[5]. Onderaan de borden stond een link naar de Facebookpagina van de Book Burning Party. Op deze Facebookpagina lazen bezoekers over de voorbereidingen: er was een band geregeld, voor ouders met kinderen was er een oppas aanwezig en je kon naar leuke filmpjes kijken over de lol van boekverbranding.

De publieke opinie keerde zich volledig tegen het idee van een boekverbranding. En al helemaal van het idee om er een feest van te maken. Er werd schande gesproken in het anders zo keurige Troy. Op Twitter ontstond een stortvloed aan afkeur en er kwam zelfs landelijke aandacht voor het initiatief. Iedereen was het erover eens: een boekverbranding is echt schandalig.

Toen maakte Troy Library bekend achter de campagne te zitten. En uiteraard waren ze niet echt van plan om al die boeken in de fik te zetten, maar is de sluiting van een bibliotheek feitelijk niet precies hetzelfde?

Met die woorden kregen ze het grote publiek onmiddellijk achter zich. Iedereen realiseerde zich weer de waarde van een openbare bibliotheek. Bij de verkiezingen was de opkomst vele malen groter dan normaal en de uitslag was ondubbelzinnig ten gunste van politieke partijen die extra wilden investeren in de

---

5   Vertaling: Stem voor de sluiting van de bibliotheek op 2 augustus. Feest met boekverbranding op 5 augustus.

bibliotheek. De bibliotheek kreeg zijn extra geld en van protesten is niets meer vernomen.

Meeveren is een simpele strategie. Maar – zoals vrijwel altijd met een simpele oplossing – ook heel moeilijk. Wie te maken heeft met weerstand, heeft immers meestal de neiging om direct in de tegenaanval te gaan. Doet u dat dus vooral niet. Probeer eens mee te veren.

Bent u bijvoorbeeld bang voor inbraak op uw computernetwerk? Gaat u dan vooral niet nog meer beveiligingsmaatregelen nemen, maar vraag hackers om in te breken. Sterker nog, geef ze geld voor elke geslaagde inval. Dat is realiteit bij PayPal, een organisatie die betalingen op internet regelt. Iedere hacker die een lek weet te vinden krijgt onmiddellijk een bonus van minstens 5.000 euro. Het idee hiervoor deden ze op bij bedrijven als Google en Facebook, die zelfs al bedragen ruim boven de 50.000 euro hebben betaald aan succesvolle hackers.

Laat u de volgende keer dat u last hebt van weerstand dus niet verleiden tot ouderwets 'terugvecht'-gedrag, maar veer eens mee met uw opponent. Het was precies de strategie die VVD-coryfee Hans Wiegel volgde toen hij tomaten naar zijn hoofd geslingerd kreeg: 'Tomaten? Die zijn hartstikke duur! Ik zou eieren nemen als ik jullie was'.

Gelooft u nog in de mythe van harder werken?

In de argumentatieleer bestaat een klassieke denkfout die we *post hoc ergo propter hoc*[6] noemen. In normaal Nederlands leg ik hem u graag uit aan de hand van de banaanredenering van Ernie uit Sesamstraat. In de eerste scène vraagt Bert aan Ernie waarom hij een banaan in zijn oor heeft. Ernie geeft geen antwoord: hij heeft immers een banaan in zijn oor en hoort dus niets. Bert begint steeds harder te schreeuwen en uiteindelijk hoort Ernie hem dan toch. Dan ontpopt zich dit gesprek:

Bert: 'Waarom heb jij een banaan in je oor, Ernie?'

Ernie: 'Dat is tegen de krokodillen, Bert.'

Bert: 'Maar Ernie, er zijn hier toch helemaal geen krokodillen?'

Ernie: 'Zie je dus hoe goed het werkt?'

Ik hoef u hopelijk niet uit te leggen dat krokodillen en bananen niets met elkaar te maken hebben. Toch maken veel mensen exact dezelfde denkfout als het gaat om hard werken. Met name succesvolle mensen roepen steevast dat hun succes te verklaren is door heel hard te werken. Ze vergeten dan dat hard werken en succes ook heel vaak *niet* samengaan. Ga maar na: niet alle verplegers die hard werken worden automatisch ziekenhuisdirecteur. En niet alle postbodes die hard werken kunnen CEO worden van PostNL.

---

6 Letterlijk vertaald: na dit, dus door dit.

Toch is de mythe van hard werken hardnekkig. Wie geen succes heeft, krijgt al snel het advies om er 'een tandje bij te doen'. Ik wil u dit ten stelligste afraden. Sterker nog, als u problemen te lijf wilt gaan door steeds maar harder te werken voldoet u aan de definitie van krankzinnigheid van Einstein: 'Altijd dezelfde dingen blijven doen en betere resultaten verwachten'.

Vergeet dus het motto 'tandje erbij', maar ga eens wat vaker voor een 'tandje anders'. Dat is precies wat klantmanager Linda van Swaaij van de gemeente Millingen aan de Rijn, Ubbergen en Groesbeek doet. Haar taak is om mensen vanuit een uitkering aan het werk te helpen. Jarenlang kreeg zij een steeds groter wordende *caseload* met uitkeringsgerechtigden die ze probeerde te 'slijten' bij werkgevers. Zonder al te veel succes: de meeste werkgevers zaten niet te wachten op een gemeente-ambtenaar met een koffer vol 'zielige' dossiers.

In plaats van dan nog harder te gaan werken is Linda *anders* gaan werken. Ze komt niet meer leuren om vacatures bij werkgevers, maar vraagt simpelweg waar werkgevers behoefte aan hebben. Haar gemeente is ook gestopt met het fenomeen *caseload*: medewerkers als Linda hebben geen vastgesteld aantal cliënten per medewerker meer in 'portefeuille', maar organiseren regelmatig gezamenlijk 'een prettig gesprek' tussen werkgevers en kandidaten. Die kunnen elkaar ontmoeten zonder enige druk. Is er een klik? Dan kunnen werkgever en kandidaat snel aan de slag.

Haar nieuwe aanpak (zie www.werktopwerkt.nl) is succesvol: het aantal mensen in haar gemeente dat uitstroomt uit de bijstand steeg enorm. En Linda's werktevredenheid steeg ook: in plaats van leuren met mensen, brengt ze nu mensen samen. U kunt zich vast voorstellen dat dat een stuk prettiger werkt.

Hopelijk volgt u Linda's voorbeeld als u worstelt met zaken die niet lopen zoals u wilt dat ze lopen. Gaat u dus vooral niet *harder* werken, maar *anders*. Uiteindelijk gaat het immers helemaal niet om 'druk' zijn, maar om het behalen van uw doelen. Echt succesvolle mensen zeggen daarom dus nooit meer 'ik ben druk', maar 'ik heb rendement'. Ik wens u daarbij veel succes!

23

Verander de context en u verandert het gedrag

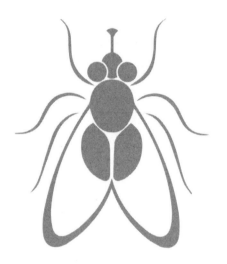

Gedragsverandering is het moeilijkste dat er is. En tegelijkertijd is *roepen* dat je gedrag wilt veranderen heel eenvoudig. In organisaties roepen ze dan ook heel graag bij problemen met gedrag dat je 'elkaar gewoon moet aanspreken' of dat het 'gewoon een kwestie van doen' is. Of ze starten een 'cultuurverandering' om 'de klant centraal' te stellen. Meestal zonder enig resultaat: uit onderzoek blijkt dat het overgrote deel van alle pogingen tot verandering van gedrag mislukt. De reden? De meeste mensen zoeken de oplossing voor gedragsverandering in de mens zelf, en niet in de context.

Een voorbeeld: op de Universiteit van Tilburg introduceerden ze een paar jaar geleden een *Code of Conduct*. Een paar A4'tjes (zie bit.ly/uvtcode) vol met prachtige zinnen als: 'De Universiteit van Tilburg is betrokken bij mens en maatschappij', 'om gemeenschappelijke doelstellingen te realiseren en synergie te bereiken, stimuleert de universiteit de samenwerking tussen medewerkers onderling en tussen medewerkers en studenten' en 'integriteit houdt in dat medewerkers en studenten bereid en in staat zijn hun taak of studie adequaat, zorgvuldig en betrouwbaar uit te oefenen met oog voor de waarden en belangen die in het geding zijn'.

Hallo, bent u daar nog? Wat denkt u dat het resultaat is van zo'n code? Denkt u dat meesterfraudeur Diederik Stapel ook maar één keer heeft gedacht: 'Jeetje, die Code of Conduct. Zal ik stoppen met frauderen?'. Natuurlijk niet. Zo'n code werkt net zo min als een moreel appèl om langzaam te rijden in woonwijken.

De praktijk laat zien dat auto's pas rustiger gaan rijden als de gemeente drempels, bloembakken of andere obstakels plaatst. Wie gedrag wil veranderen, moet niet starten bij het gedrag van mensen, maar bij de *context* van dat gedrag.

Het was precies deze gedachte die twee Amersfoortse raadsleden hadden na het zoveelste oersaaie debat in hun gemeente. Een raadsdebat begint altijd met een zogenaamde 'eerste termijn'. Dat betekent dat iedere fractie een langdradig betoog houdt dat de meeste sprekers ook nog eens letterlijk oplezen van papier. En pas na een uur ontstaat er in de tweede termijn een debat. Dán begint het eigenlijk pas. Om hier verandering in aan te brengen kun je met z'n allen een debattraining volgen, maar verandert er dan echt wat? Waarschijnlijk niet. Daarom kwamen de twee raadsleden met een veel simpeler plan om de context aan te passen: ze schaften simpelweg de eerste termijn af. Geen vooraf ingestudeerde speeches meer, maar direct met elkaar in debat. Voortaan krijgt nog maar één fractie de gelegenheid om 'af te trappen' met een betoog en alle andere fracties mogen direct reageren. Het gevolg? Zeker een uur tijdwinst per debat, en voor zowel raadsleden als burgers een veel levendiger debat.

Voorkom dat u slachtoffer wordt van de roep om gedragsverandering. Weiger mee te gaan met allerlei vrome praatjes over 'elkaar aanspreken' of 'een cultuurverandering bewerkstelligen'. Bedenk liever oplossingen die de context aanpassen. Die boodschap hebben ze op vrijwel alle luchthavens ter wereld ook begrepen toen ze mannen weer keurig in het urinoir wilden laten plassen in plaats van ernaast. Bordjes met 'Please keep our toilets clean' werken niet, een simpele nepvlieg in een urinoir plaatsen wel.

24

Hoe u gratis werknemers organiseert voor een grote klus

SiMpEL

Ga er maar aan staan: u krijgt een enorme collectie oude boeken die u moet gaan digitaliseren. Inscannen lukt nog wel, maar alle woorden herkennen lukt de computer niet. Dat lukt alleen het menselijk oog. Er zit dus niets anders op dan zelf al die woorden te lezen en in te kloppen op de computer. Dat kost natuurlijk veel te veel tijd. Of u huurt een leger aan freelancers in, maar dat kost een enorme berg geld. Kan dat ook simpel?

Natuurlijk. Met het grootste overtikproject ter wereld: ReCaptcha. De kans is groot dat u reeds deelnemer bent en al heel veel woorden gratis hebt overgetikt. Geen idee waar ik het over heb? ReCaptcha verwijst naar een fenomeen op internet: de Captcha (afkorting staat voor *Completely Automated Public Turingtest to tell Computers and Humans Apart*). U bent er vast wel eens eentje tegengekomen toen u iets moest invullen op internet. U ziet dan een vreemdsoortig gevormd woord dat u moet overtikken. Het idee erachter is dat een mens daartoe wel in staat is, maar een spammachine niet. Zo weet een websitebeheerder vrijwel zeker dat de reactie afkomstig is van een levend mens. Handig voor bijvoorbeeld een ticketverkoper die niet wil dat allerlei geautomatiseerde sites illegaal grote partijen kaartjes voor The Rolling Stones kunnen opkopen.

U voelt de simpele oplossing nu wellicht al aankomen: elke keer als u twee van die woorden overtikt, helpt u om boeken te digitaliseren! De 'zinloze' tijd die internetters wereldwijd besteden aan het overtikken van woorden is zo ineens gratis arbeidstijd geworden waarmee we informatie beschikbaar kunnen maken. Om u een idee te geven van het resultaat: inmiddels zijn zo al meer dan 13 miljoen artikelen uit de *New York Times* vanaf 1851 gedigitaliseerd.

Het brein achter ReCapthca is Luis von Ahn, een wiskundige uit Guatemala. En Von Ahn heeft na het succes van ReCaptcha niet stilgezeten. Hij verkocht het project aan Google en stelde zichzelf een nieuw doel: het vertalen van het internet. Veel van zijn landgenoten in het straatarme Guatemala hebben immers wel toegang tot internet, maar kunnen geen woord Engels lezen. Ze hebben meestal geen Engels onderwijs gehad en hebben ook geen geld voor een talencursus.

De oplossing is weer even doeltreffend als simpel: mensen kunnen deelnemen aan een gratis taalcursus (zie www.duolingo.com). De cursus houdt in dat je korte stukjes tekst voor je kiezen krijgt in de taal die je wilt leren. En die tekst mag je dan vertalen. Het begint eenvoudig, en naarmate je meer vertalingen goed hebt, krijg je steeds moeilijkere stukjes tekst. De controle gaat volledig geautomatiseerd: als tien mensen dezelfde vertaling geven, is de kans heel groot dat het antwoord correct is. Een prachtige deal: arme mensen krijgen zo gratis een talencursus en als 'tegenprestatie' vertalen ze in de tijd dat ze Engels leren gratis het internet.

Von Ahn maakt gebruik van een simpel principe: vele handen maken licht werk. IKEA is er ook groot mee geworden: in plaats van zelf alle meubels in elkaar te schroeven, laat de Zweedse meubelgigant het de klant doen. Die doet dat weer met veel plezier, want dankzij deze werkwijze zijn de prijzen voor meubels flink gedaald. Ook dit boek maakt gebruik van dit principe. Alle dertig hoofdstukken in dit boek zijn door dertig verschillende mensen gecorrigeerd op tikfouten. Het kan zo simpel zijn.

Simpel schrijven is heel moeilijk – en ingewikkeld schrijven is heel makkelijk

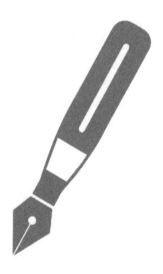

In februari 2014 deed ik mee met een tangconstructiewedstrijd van taalbureau Vaagtaal. Een tangconstructie, ik ben u nu dus aan het uitleggen wat een tangconstructie is, bestaat uit een aantal zinnen, dit is daar dus een mooi voorbeeld van, die teveel informatie, u hebt nu denk ik wel in de gaten waar ik heen wil, bevatten. Mijn inzending was de volgende:

'Op grond van de overigens buitengewoon curieuze oproep van het in het algemeen als bedachtzaam bekendstaande bureau Vaagtaal, hiermee overigens niet implicerend dat het hier genoemde bureau aan kritiek van mijn kant onderhevig is, heb ik vanuit diverse meer en minder realistische perspectieven, waarbij ik rekening heb proberen te houden met zowel de voor- als de nadelen, opties zorgvuldig afgewogen rondom mijn eigen inzending en hierbij in alle rust en nuance besloten om mijn naar alle waarschijnlijkheid in goede aarde vallende inzending, waarbij ik mijzelf uiteraard realiseer dat er uit diverse hoeken zowel gefundeerde als ongefundeerde kritiek kan worden geuit die mogelijk ook gevolgen heeft voor eventuele toekomstige inzendingen, te plaatsen onderaan de verder volstrekt leesbare en doorwrochte oproep aan de kant van het eerder genoemde bureau, dat gevestigd is op een locatie die mij tot op heden nog volstrekt onbekend is en wat maakt dat ik, ongeacht de uitkomst van deze verder erg ludieke actie, uiteraard open sta voor het nuttigen van een kopje heerlijke koffie ter plaatse'.

Via Twitter kreeg ik een paar complimenten voor deze tangconstructie van 170 woorden: 'Knap hoor. Daar zal vast heel wat tijd in hebben gezeten'. Het tegendeel was waar: ik schreef de tangconstructie in vijf minuten op dat priegeltoetsenbordje van mijn mobiele telefoon terwijl ik op station Den Bosch stond te wachten op de intercity naar Utrecht.

Moeilijk schrijven is echt heel makkelijk. Ik zie dit ook in de praktijk. Vrijwel dagelijks kom ik veel volslagen onleesbare teksten tegen. Zo las ik de volgende passage in een beleidsnotitie:

'De weekmarkt heeft zich ontwikkeld tot het huidige niveau en omvang. Dit is voornamelijk situationeel en plaatselijk bepaald. Met andere woorden een weekmarkt ontwikkelt zich naar de plaatselijke situatie. Historisch gezien vindt de weekmarkt plaats op de Hoofdstraat. Niet alleen de beschikbare ruimte, maar ook vraag en aanbod hebben mede de omvang en kwaliteit bepaald. Met inachtneming van de weekmarkt heeft het centrum en daarbij ook de Hoofdstraat zich ontwikkeld tot het huidige niveau'.

Als u wilt voorkomen dat u dit soort inhoudsloze proza gaat schrijven, realiseert u zich dan één ding heel goed: simpel schrijven is heel moeilijk. Het vraagt tijd en vooral veel kritisch vermogen. Om u alvast een beetje op weg te helpen, heb ik drie eenvoudige schrijftips voor u:

1. Vermijd zinnen met het werkwoord 'worden' ('De wedstrijd begint' in plaats van 'Er wordt een aanvang genomen met de wedstrijd')

2. Maak jacht op jargon ('We gaan beginnen' in plaats van 'Vanuit een stuk mensvisie proberen we de doelstellingen succesvol te implementeren, waarbij we alle stakeholders actief blijven betrekken bij het kernproces')

3. Vermijd ontkenningen ('Dat klopt' in plaats van 'Het is niet ondenkbaar dat dat niet zo is'[7])

Tot slot mijn allerbelangrijkste schrijfadvies voor wie het simpel wil houden: stop met de gedachte dat u volledig moet zijn om een boodschap over te brengen. Voor de meeste teksten geldt dat u helemaal niet volledig hoeft te zijn, maar dat uw tekst overtuigend is en mensen activeert. Richt u dus minder op informatie en meer op inspiratie. Lukt het niet? Stuur uw tekst dan even naar mij, ik versimpel hem graag voor u!

---

7   Een letterlijk citaat overigens van oud-premier Lubbers, die hiermee een lastige vraag van een journalist succesvol wist te omzeilen.

Inkopen? Geef uw budget weg!

Iedere professional heeft ermee te maken: inkopen. U bent bijvoorbeeld op zoek naar de beste drukker, consultant of hogesnelheidstrein voor de beste prijs. Wat gaat u doen? U gaat eens in uw netwerk navragen of er mensen zijn die goede leveranciers kennen. U googelt eens wat rond. Dan selecteert u een paar leveranciers die in uw ogen geschikt kunnen zijn en beschrijft zo uitgebreid en specifiek mogelijk aan welke voorwaarden uw drukwerk, interimklus of hogesnelheidstrein moet voldoen. Ten slotte vraagt u die leveranciers om zo snel mogelijk een offerte te schrijven, uiteraard met prijsopgaaf.

Vervolgens krijgt u de offertes in huis. Alle leveranciers blaken natuurlijk van het zelfvertrouwen, leveren topkwaliteit en bieden maatwerk aan. Ze voldoen uiteraard allemaal aan uw eisen, willen dat graag in een 'vrijblijvend gesprek met een kop koffie' komen toelichten en staan te trappelen om uw leverancier te worden. Mooi. U selecteert uiteindelijk de goedkoopste en voelt u spekkoper.

De praktijk is weerbarstiger. De kwaliteit van die goedkope leverancier blijkt enorm tegen te vallen, er komen toch nog allerlei extra kosten bij en er zijn veel misverstanden over wat er nu precies is afgesproken. U voelt zich een beetje zoals een bestuurder van Ajax: het beleidsplan zag er prachtig uit, uw club zou 'structureel en beeldbepalend' meedoen aan de Champions League, maar na de winterstop bent u blij dat u überhaupt nog tegen Salzburg hebt mogen spelen in de Europa League.

Wat u dus doet, is leveranciers precies voorschrijven welke oplossing u van ze verwacht bij uw probleem en welke prijs daarbij hoort. Dat levert vaak heel veel gedoe op. Kan dat niet veel simpeler? Natuurlijk. Draai het hele proces eens om: vertel uw leveranciers precies hoeveel budget u hebt bij uw probleem en vraag ze wat voor oplossing ze erbij kunnen leveren. Deze aanpak heet in de wetenschap 'Best Value Procurement' en is ontwikkeld door professor Dean Kashiwagi.

Ik weet dat deze methode in eerste instantie wat vreemd klinkt, maar probeert u eens te bedenken wat er in de praktijk gebeurt. In plaats van een leverancier die op al uw specificaties en wensen 'ja' zegt, krijgt u nu ineens oplossingen die waarschijnlijk veel beter zijn dan u zelf had kunnen bedenken. Die drukker heeft misschien wel connecties waarmee hij uw drukwerk veel effectiever bij uw doelgroep onder de aandacht kan brengen. Daar hebt u veel meer aan dan de goedkope drukkosten waar u misschien eerst naar op zoek was!

Daarom mijn advies aan iedereen die gaat inkopen: stop met dat zinloze aanvragen van offertes op basis van door uzelf bedachte oplossingen. Ga alleen in gesprek met leveranciers die u vertrouwt. Vertel die leveranciers het probleem waar u mee kampt en uw beschikbare budget. Wedden dat u dan veel verrassendere en betere oplossingen krijgt aangereikt? U prikkelt uw leveranciers zo immers om zelf na te denken...en dat was tenslotte de reden dat u uw klus ging uitbesteden, toch?

Heeft uw organisatie al een ombudsman?

Ik ben een groot fan van de Nationale Ombudsman. Een instituut waar burgers terecht kunnen om hun probleem te laten toetsen aan de menselijke maat. Een ombudsman kijkt namelijk niet alleen naar de regeltjes, maar kijkt ook naar de redelijkheid van een zaak: 'Ja, die mevrouw was twee dagen te laat met betalen, maar haar man was de week ervoor plotseling overleden. Kunt u daarom nog eens kijken of het echt nodig is dat ze die boete van 600 euro krijgt?'. Kortom: de ombudsman houdt de overheid scherp en redeneert simpel. Burgers kunnen er op een laagdrempelige manier terecht met hun klachten over de overheid en dat is een groot goed in onze maatschappij.

Volgens mij zou het goed zijn als u in uw organisatie ook een ombudsman benoemt, net zoals uw organisatie een bedrijfshulpverlener heeft. Een bedrijfshulpverlener is verplicht vanwege de veiligheid van uw organisatie. Hij weet precies wat er moet gebeuren bij brand en andere ongelukken. Een ombudsman zorgt ervoor dat de menselijke maat is verankerd in uw organisatie. Een professionele *versimpelaar*. Hij is er voor klanten, maar ook voor medewerkers die aanlopen tegen intern geneuzel over procedures, werkwijzen en ander arbeidsleed.

Zo'n ombudsman werkt ook heel goed tegen *moeilijkmakers*. Dat zijn mensen die het een organisatie willens en wetens lastig willen maken. Vrijwel elke gemeente in Nederland kent dit soort types. Zo ontving de gemeente Gilze-Rijen het verzoek om een exacte opgave te verstrekken van het aantal hele en halve straattegels en klinkers. Een andere klager wilde alle (!) documenten ontvangen die te maken hebben met het geluidsbeleid van de afgelopen 40 jaar in een gemeente inclusief de CV's van de ambtenaren die hieraan gewerkt hebben. De Hagenaar Nicky Voorbach presteerde het om de gemeente Gemert-Bakel te vragen om alle verleende en geweigerde vergunningen aan te leveren. Digitaal en per post. De gemeente Dordrecht had, tot slot, te maken met een beruchte veelklager die het presteerde in ruim twee maanden 400 brieven te versturen.

En denk maar niet dat je dit soort klachten af kunt doen met een eenvoudig: 'zeur toch niet zo'. Dankzij de Wet Openbaarheid Bestuur en de Wet Dwangsom is een gemeente namelijk verplicht om binnen zes weken te reageren. Doet de gemeente dat niet, dan kan de klager de gemeente in gebreke stellen voor 20 euro per dag met een maximum van 1.260 euro. Los daarvan kost het beantwoorden van al die klachten de gemeente ook veel tijd en geld aan eigen manuren. De gemeente Dordrecht was voor die 400 brieven bijna 4 ton kwijt aan kosten. Allemaal dankzij één *moeilijkmaker*.

Een ombudsman zou een snel einde kunnen maken aan dit soort gedrag. Geef hem de vrijheid om zaken aan de kaak te stellen en desnoods de media in te schakelen. Hij kan absurde klagers zo direct aan de schandpaal nagelen en ze hun klaagrecht ontnemen. En tegelijkertijd kan hij veel frustratie wegnemen door te luisteren naar mensen met échte klachten. Klanten die tussen wal en schip zijn geraakt, medewerkers die gek worden van de bureaucratie van hun eigen organisatie of leidinggevenden die écht niet meer weten hoe ze met die lastige medewerker moeten omgaan. Spreekt dit idee u aan? Stel u dan snel beschikbaar als ombudsman in uw eigen organisatie!

Simpel communiceren met de Wet van Olvarit

De Wet van Olvarit is de allerbelangrijkste wet voor wie simpel wil communiceren. Onbekend? Wat heeft het bekende babyvoedselmerk te maken met communicatie? Simpel: als een ouder zijn kind wil voeden, voltrekt zich vaak het volgende tafereel: ouder heeft flesje Olvarit (babyvoedsel) opgewarmd en zit met lepel klaar om het kind Olvarit te laten eten. Het kind heeft daar ab-so-luut geen zin in, en drukt zijn lippen op elkaar. En wat doet een ouder dan? Lepel toch gewoon naar binnen persen? Neus dichtknijpen? Nee. Een beetje ouder weet dat-ie dan zijn kind moet verleiden: 'Daar komt het vliegtuig aan!', 'Doe de garagedeur maar open!', of: 'Deze is voor mama!'. En als het mondje dan open gaat, dan duw je toch niet gelijk dat hele potje Olvarit naar binnen? Nee. Er gaat een klein hapje naar binnen, het kind wordt geprezen en de kleine rakker krijgt nog een klein klopje op de rug om een boertje te laten.

Zo zou communicatie ook moeten werken. De beste manier om je boodschap over te brengen, is om deze in kleine hapjes naar binnen te werken. Niet met allerlei vormen van machtsvertoon ('Neus dichtknijpen'), maar rustig en verleidend ('Daar komt het vliegtuigje aan!'). En als u merkt dat mensen naar u luisteren, smijt dan niet onmiddellijk uw hele verhaal over de toonbank, maar blijf rustig kleine hapjes voeren en kijk hoe mensen reageren.

Als u ter inspiratie op zoek bent naar een organisatie die stelselmatig de Wet van Olvarit overtreedt, reis dan voor de gein eens met de trein. Als je in een trein zit die keurig op tijd rijdt, krijg je op niet te misverstane wijze de hoofdconducteur op de omroep-installatie: 'Dames en heren, jongens en meisjes, en andere aanwezigen. We naderen over enkele minuten station Den Bosch. Mocht u straks willen overstappen op de intercity naar Amsterdam, dan kunt om acht minuten over half elf de trein nemen vanaf spoor drie. Mocht u met de stoptrein naar Nijmegen willen, deze vertrekt om zeven minuten over elf vanaf spoor twee. En als ...' En zo gaat dat nog even door. Hele dienstregelingen passeren de revue, en met een beetje pech herhaalt de conducteur het hele verhaal nog een keer. En dat terwijl treinreizigers heel goed weten hoe ze moeten reizen en waar ze moeten overstappen áls die trein tenminste op tijd rijdt. Die ellenlange omroepberichten zijn nergens voor nodig. Het is alsof je een slapend kind midden in de nacht wakker maakt om een potje Olvarit te gaan eten.

Maar áls het fout gaat bij de NS, keert het hele proces zich om. Als u plotseling midden in een weiland stilstaat, hoort u niets van diezelfde conducteur. Of hooguit een nietszeggend bericht: 'Dames en heren. Zoals u hebt kunnen merken, staan wij op dit moment stil. Als we meer weten, geven we dat aan u door'. We krijgen een potje Olvarit te zien, maar het dekseltje blijft potdicht. Niemand lijkt te weten wat er aan de hand is, laat staan dat iemand bezig is met een oplossing. Je gaat bijna denken dat iemand voor de lol het sein op rood heeft gezet.

Gelukkig kan het ook anders. Meubelgigant IKEA past de Wet van Olvarit keurig toe. Geen opdringerige verkopers die ellenlange verhalen staan te houden waar u niet op zit te wachten. U bepaalt zelf of u een van de medewerkers aanspreekt als u meer informatie wilt. IKEA kent ook een zeer charmante uitvoering van de Wet van Olvarit bij de klantenservice. Wie thuis bij het in elkaar zetten de bijgeleverde houten piefjes kapot heeft gemaakt, kan zonder problemen terugkomen voor gratis nieuwe piefjes. Die krijgt u dan in een zakje met de tekst: 'Sorry dat wij er de eerste keer niet bijzaten'. Ben benieuwd of ze dat bij de NS ook eens gaan doen bij de volgende storing: 'Sorry dat wij geen idee hebben of en wanneer u op het volgende station komt'. Het zou mijn humeur in elk geval aardig ten goede komen.

29

Simpele dingen waarmee u morgen aan de slag kunt

Ik heb u in dit boek vaak gewaarschuwd: simpel is meestal heel moeilijk. Briljante vondsten zijn immers lastig om te bedenken. Gelukkig kan het soms ook simpel én eenvoudig: daarom vindt u in dit hoofdstuk tien tips om morgen al mee aan de slag te gaan!

1. Voer iedere maand een netwerkgesprek met iemand die u niet kent

Inspiratie haal je meestal van buiten. Spreek daarom iedere maand minstens één keer af met iemand die u nog niet kent maar die u wel interessant vindt: die collega waar u op dat feestje over hoorde praten, iemand die een interessant opiniestuk heeft geschreven of een twitteraar die u met een mooi bericht aan het denken heeft gezet. Voer het gesprek over de inhoud die u beiden interessant vindt en maak er geen verkoopgesprek van. U zult zien dat u uw netwerk op deze manier heel simpel vergroot.

2. Werk met de vijfminutenregel

We hebben allemaal *things to do*. En weinig tijd. Krijgt u er een nieuwe taak bij die u binnen vijf minuten kunt uitvoeren? Voer de taak dan onmiddellijk uit in plaats van deze op te schrijven op een *to-do-list*. Voor mij is het nog altijd de beste *time-managementtip* die ik ooit heb gekregen.

3. Raap iedere dag twee dingen op van de grond en gooi ze weg

U ergert zich ongetwijfeld aan vuil op straat. Ik ook. En daarom heb ik al jaren de gewoonte om iedere dag als ik van huis ga een blikje of ander stuk rommel van straat te rapen en in een prullenbak te gooien. En als ik 's avonds thuis kom, doe ik dat nogmaals. Goed voorbeeld doet goed volgen. Rainer Nölvak uit Estland wist zelfs 50.000 mensen op de been te krijgen en maakte zo in één dag Estland schoon (zie letsdoitworld.org).

4. Pin wekelijks cash geld en stop met pinnen in de winkel

Pinnen is heel handig, maar u hebt eigenlijk geen overzicht meer van wat u uitgeeft. Pin daarom iedere week een vast cash bedrag en betaal daar alles van. Zo ziet u direct in uw portemonnee hoe uw financiële situatie ervoor staat.

5. Voeg een persoonlijk kattebelletje toe aan uw LinkedIn-uitnodigingen

In het normale leven maak je een vriendelijk babbeltje als je iemand voor het eerst ontmoet. Of zegt u op een borrel wel eens 'I'd like to add you to my network'? Gedraagt u zich op LinkedIn dan voortaan ook fatsoenlijk en voorzie al uw uitnodigingen van een klein persoonlijk kattebelletje. De kans is dan vele malen groter dat uw nieuwe contact reageert en daadwerkelijk naar uw profiel kijkt. U verhoogt hiermee heel simpel de effectiviteit van online netwerken.

6. Reis met het openbaar vervoer

Autorijden maakt lui en dik. Treinreizigers zijn sportief: zij moeten trappen op- en aflopen, trekken sprintjes om de trein te halen en pakken een OV-fiets (zie www.ov-fiets.nl) voor het laatste stukje van hun reis. Zo haal je makkelijk 30 minuten beweging per dag, en tijdens je treinreis kun je op je laptop gewoon doorwerken mét gratis internet.

7. Haal die disclaimer onderaan uw email weg

Het slaat nergens op. Echt.

8. Schakel de optie uit die u een signaal geeft bij nieuwe emailberichten

Ping! Een nieuw bericht. Snel even kijken? Nee. U bent veel effectiever als u een aantal vaste momenten per dag neemt om uw mail te bekijken en direct alles wegwerkt. Dan kunt u ook veel geconcentreerder aan andere taken werken zonder dat emailberichten uw concentratie verstoren.

9. Plan privé-afspraken nooit verder dan veertien dagen vooruit

Ik heb er jaren aan meegedaan: een etentje plannen met vrienden en er dan achter komen dat je pas over twee maanden 'een gaatje' kunt vinden in ieders agenda. Ik had het altijd druk, maar had weinig lol. Laat staan dat er ruimte was voor een spontane afspraak of gewoon eens een avondje niks. Sinds enkele jaren plan ik daarom privé-afspraken nooit verder dan veertien dagen vooruit.

10. Doe aan ruilhandel

Geen geld? Geen probleem! Het is vaak zoveel leuker om zaken te ruilen dan voor alles uw portemonnee te trekken. Zo maakte een fotograaf leuke familiefoto's van mijn gezin en in ruil kwam ik bij hem op een feestje zingen. De Canadees Kyle MacDonald is er zelfs beroemd mee geworden: hij ruilde een rode paperclip voor een potlood, ruilde het potlood weer voor een balpen en eindige een jaar en veertien ruilacties later met een vrijstaand huis (lees het volledige verhaal op oneredpaperclip.blogspot.nl). Wie weet waar u met het ruilen van dit boek dus kunt komen ;-)

Ge moet eerst schuppen

Ik ben in een aantal dingen goed, en in nog veel meer dingen slecht. Voetbal behoort absoluut tot de laatste categorie. Toen ik negen was, speelde ik vrij onverdienstelijk in de E9 van Voetbalvereniging Geldrop. Uit wanhoop over mijn slechte voetbaltalent zette de trainer mij maar op goal. En ik kan u vertellen, keeper in de E9 is geen pretje. Om de haverklap kreeg ik de ballen om mijn oren. En als ik dan de bal eens in mijn handen kreeg, ging het ook weer mis. Ik riep dan meestal de naam van een van mijn ploeggenoten – 'Hee, René!' – en schoot de bal richting René. Althans, dat dacht ik. Die bal kwam natuurlijk helemaal niet bij René terecht.

In de pauze van de wedstrijd was het hele team dan ook boos op mij: 'Jij roept steeds maar namen, maar de bal komt er nooit terecht'. Gelukkig had ik een uitstekende coach die mij een wijze les leerde. In plat Geldrops sprak hij de volgende woorden: 'Kijk, Engelfriet. Widde wa gij nou iedere keer doet jongen? Gij roept een naam, en dan gade gij schuppen. Widde wa gij in de tweede helft nou gewoon eens zou moeten proberen?'.

Ik dacht even diep na, en vermoedde dat ik hetzelfde advies zou krijgen als mijn dorpsgenoot Pieter van den Hoogenband in de beroemde pindakaas-reclame. Maar in plaats van een advies om te gaan zwemmen gaf mijn coach me een briljant advies dat ik direct kon toepassen: 'Ge moet eerst schuppen en dan roepen!'.

In de tweede helft deed ik wat mijn coach me had verteld. Ik pakte de bal, gaf hem een enorme knal en keek waar de bal heenging. Toen ik zag dat de bal bij Wim terecht kwam, riep ik heel hard zijn naam en Wim trapte de bal in de goal van onze tegenstander. De week erop speelde ik in de E4.

Eerst schuppen en dan roepen. Het is precies dit motto dat ik u wil meegeven bij het in de praktijk brengen van dit simpele boek. Het is heel verleidelijk om eerst maar eens een diepgravende analyse te maken, een rapport te schrijven of een onderzoek te laten doen. U bent dan lekker aan het roepen, maar heeft geen bal *geschupt*.

Of wat dacht u van congressen? Mensen krijgen daar de hele dag de kans om inspiratie op te doen en met elkaar in gesprek te gaan, maar presteren het dan steevast om tijdens de borrel doodleuk te zeggen dat ze heel benieuwd zijn wat 'ze' ermee gaan doen. Maar wat gaan ze nou zelf doen?

Iemand die precies snapt wat *eerst schuppen en dan roepen* betekent, is mijn grote inspiratiebron Pater Poels. Een beroemde Tilburger, die wij in onze stad graag 'de broodpater' noemen. 's Middags gaat de inmiddels hoogbejaarde Pater Poels langs bakkers en supermarkten om brood op te halen dat over is. Vervolgens gaat hij op tijd naar bed. Om klokslag 4 uur gaat zijn wekker en fietst hij in het holst van de nacht door Tilburg om broden aan de deur te hangen bij mensen die in armoede leven. Hij doet dit 's nachts, zodat de buren het niet hoeven te zien.

Ik was een keer bij een bijeenkomst over armoedebestrijding, waar Pater Poels een onderscheiding kreeg voor zijn prachtige werk. Maar nog geen half uur na het applaus, merkte een van de aanwezige ambtenaren op: 'Het is natuurlijk prachtig wat Pater Poels doet, maar daar kunnen wij natuurlijk geen beleid op baseren'. En toen stond Pater Poels op: 'Dat klopt. Ik ben geen hulpverlener. Ik help. En wat doen jullie eigenlijk om te helpen?'.

Het werd doodstil in de zaal.

De 'bal' ligt na het lezen van dit boek bij u. Als u met de simpele principes uit dit boek aan de slag wilt, moet u iedere keer bedenken wat de bal is waar u tegenaan gaat *schuppen*. En als u dat gedaan heeft, mag u erover roepen. Maar altijd in die volgorde.

Ik weet dat dat heel moeilijk is. Maar de ellende die u zich met ingewikkeld doen op de hals haalt, is altijd groter. Daarom hoop ik dat u voortaan eerst gaat *schuppen*, en daarna gaat roepen. Laat u mij vooral weten tegen welke ballen u hebt *aangeschupt* om uw leven of werk simpel te maken. Als u wilt, geef ik u er graag een podium bij!

Is die Richard Engelfriet zelf wel een beetje simpel?

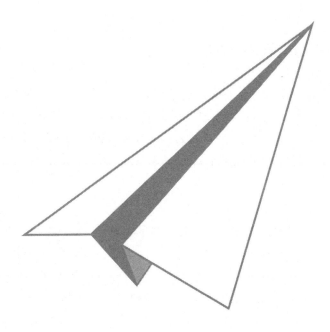

The proof is in the pudding. Misschien wilt u weten of ik zelf ook simpel werk en leef. Oordeel zelf na het lezen van deze biografie. Mocht u suggesties hebben hoe ik het nog simpeler kan aanpakken, dan hoor ik dat uiteraard graag ;-)

Ik heb de meest simpele bedrijfsvorm: een eenmanszaak. Ik heb geen merknaam en geen logo. Ik doe niet aan mission statements en heb geen visie op papier staan. Laat staan een vijfjarenplan. Ik heb me pas ingeschreven bij de Kamer van Koophandel toen dat bij wet verplicht werd (een verplichting waar ik me nog steeds boos om kan maken, zie bit.ly/kamervankoophandel). Mijn administratie doe ik in Excel en mijn aangifte uiteraard zelf. Mijn website draait onder de gratis en supersimpele Wordpress.com-software. Ik hanteer geen algemene voorwaarden en heb uiteraard geen disclaimers. Tot slot hanteer ik all-in tarieven voor mijn diensten.

Ook privé probeer ik simpel te leven. Mijn achternaam vormt hierbij uiteraard wel een ernstig probleem. Was het nou Engelfried, Engelfiets of Engelbert? Vandaar dat mijn kinderen de naam van mijn vriendin hebben gekregen. Met die vriendin heb ik een duurzame relatie waar geen ambtenaar aan te pas is gekomen. Verder heb ik al jaren het meest simpele kapsel denkbaar (al geef ik onmiddellijk toe dat ik op dat vlak weinig keuze heb, zie mijn foto op de achterkant van dit boek), was ik ruim voor de bankencrisis al bezig met het aflossen van mijn hypotheek en sta ik zelden langer dan vijftien minuten in de keuken.

En mocht u zich afvragen wat ik nou eigenlijk doe de hele dag om de kost te verdienen: ik praat congressen aan elkaar, geef presentaties en schrijf columns. En soms nog wat andere dingen, als klanten daarom vragen. In mijn vrije tijd zing ik in coverband Rizotto (een vrolijke coverband, gespecialiseerd in het simpele *Kom van dat dak af*-genre), ben ik vrij onverdienstelijk invaller in een zaalvoetbalteam en probeer ik al jaren het eenwieleren onder de knie te krijgen.

Dit zijn de boeken die ik heb geschreven:

De Debatmethode, Reed Business (2003), samen met Peter van der Geer

Hoe vang ik een rat?, Uitgeverij Pepijn (2004), samen met Peter van der Geer

Wie heeft hier nu gelijk?, VNG Uitgeverij (2005), samen met Peter van der Geer

Verkeerd Verbonden, Uitgeverij Pepijn (2006), samen met Herman de Regt

Passie! Het boek dat niet werkt, Uitgeverij Nieuwland (2008), samen met Céline Rutten

De Wet van Olvarit, www.richardengelfriet.nl (2010)

Daarnaast heb ik artikelen geschreven in onder meer *De Volks-krant*, *NRC Next*, *Brabants Dagblad*, *ManagementTeam* en online via *nuzakelijk.nl*, *deondernemer.nl* en *b2bcontact.nl*. Uiteraard schrijf ik graag op uw verzoek een simpel artikel op maat!

Wilt u contact met mij opnemen? Surf dan naar mijn website www.richardengelfriet.nl. U kunt ook een mailtje sturen naar info@richardengelfriet.nl of bel via 06-16330906. Twitteren kan natuurlijk ook: u vindt mij op @rengelfriet.

AFGELAST

(Geen idee waar dit op slaat? Dan moet
u het voorwoord snel even lezen!)